für Hildegunde!

[signature]
6.3.2024

ULRICH SCHARFENORTH

INSTABILE SEITENLAGE

BIZARRE GEDANKEN – REMINISZENZEN

Copyright

Alle Texte in diesem Buch sind urheberrechtlich geschützt. Jede Verwertung in anderen als den gesetzlich zugelassenen Fällen bedarf der vorherigen schriftlichen Genehmigung durch den Verlag.
Hinweis zu § 52a UrhG: Die Texte dürfen nicht ohne Genehmigung eingescannt oder in ein Netzwerk gestellt werden.

Titelbild

Tomás Saraceno: »In Orbit« – begehbare Skulptur
(bis zum 19.12.2023 in der K21, Düsseldorf)
© Foto: Frank Scholz

Bibliografische Information

Die Deutsche Bibliothek verzeichnet diese Publikation in der Deutschen Nationalbibliografie, detaillierte bibliografische Daten sind über http://dnb.ddb.de abrufbar.

1. Auflage
Arachne Verlag Bonn 2024
ISBN 978-3-9824506-9-8

7	Vorwort
9	BIZARRE GEDANKEN
11	Anmerkungen 1
12	Laura
28	aufgerüstet
31	Anmerkungen 2
32	Mathematik zwei
35	abgewürgt
41	Spätzünder
53	Tod eines Liftboys
58	Anmerkungen 3
59	REMINISZENZEN
60	1945 – 1958: Erste Heimat
69	1966: Im Grenzausbildungsregiment
71	2018: Späte Wiederbegegnung
81	KEIN STEIN WILL NUR STEIN SEIN
82	SteineTexte
83	Abdrücke
85	Kein Stein will nur Stein sein
91	UMBRUCH
115	AUSGEDÜNNTE GEDICHTE
137	ZULETZT
138	Der Hahn
141	begleitet und abserviert
161	Anmerkungen 4

Vorwort

Ein Leben, das viele Jahrzehnte andauert, liefert Stoff für alles Mögliche – auch die Erkenntnis, dass sich Leben, Empfinden und Handlungsoptionen einerseits gar nicht, zum anderen aber grundlegend verändern. Ich habe mit meinen Texten in das große Füllhorn der Erinnerungen gegriffen, einiges dazu phantasiert und immer mal auf die Hupe gedrückt. Da geht es um Kindheits- und Jugenderinnerungen in einem nachkriegsmüden Deutschland, um ein versuchtes Attentat, um ein vertracktes Enkelschicksal, um einen Menschen, den man zwingt, würdelos aus dem Leben zu scheiden, um Traumata und Anmerkungen, die das Zeitliche segnen. Hier und da sind Gedichte eingestreut, die quer durchs Leben spazieren.

Alles, was Sie lesen, ist kopfgedacht – also frei von künstlicher Intelligenz. Wie auch würden meine Protagonisten geraten, wenn sich statt des menschlichen Beobachters ein kalter Automatismus ihrer annähme?

Nein sage ich da! Die Gurken bleiben, was sie sind: grün und im doppelten Sinne fassbar ...

Ratingen, im Frühjahr 2024

ulrich scharfenorth

BIZARRE GEDANKEN

Anmerkungen 1

Ich lebe dieses BiPolare nun schon seit Längerem. Zum einen scheint es unwichtig, dass ich noch ein weiteres Buch schreibe. Weil fast alles, was ich für mitteilenswert halte, zu Papier gebracht ist. Und weil das, was ich hier und heute dazudeklinieren könnte, im Vergleich zu möglichen Texten anderer, sprich: solcher, deren Leben ereignisreicher verlief als meines, eher spärlich ausfiele. Nun, man wird sehen. Zum anderen will die Hand nicht stillstehen. Was auch heißt: Der Stiftbeweger macht Anstalten, weitere Terrains zu erobern – obwohl er spürt, dass das sinnlos ist. Und tatsächlich: Im Vergleich zum Urknall, zu Covid 19, im Vergleich zum Fortgang der Dinge im Allgemeinen, nimmt sich sein Wollen banal aus.

Ich hätte Meteorologe werden sollen. Keine Branche lebt so ungefährdet und zukunftssicher. Wetter gibt es immer und man wird nicht gefeuert, wenn man daneben liegt. Mir hingegen war es vorbestimmt, in Null-Fehler-Regimes zu wirken. Das lief auf Kosten des Humors und barg viele Gefahren. Was nicht heißt, dass es mir wenig Freude bereitet hat. Das schon – aber es war anstrengend und nicht unbedingt besser bezahlt.

Nicht zu glauben, wie wenig wir durchdringen. Wir vertreiben unsere Botschaften fast immer an diejenigen, die schon wissen. Jene, die das hören oder lesen müssten, lesen nicht, kommen nicht, wollen nicht. Allenfalls schreien sie uns nieder, wenn sie uns begegnen.

Auch heute noch glaube ich, dass mir im Halbschlaf die besten Texte einfallen. Da mir aber die Kraft fehlt, sofort aufzuspringen und sie niederzuschreiben, bleibe ich den Beweis schuldig. Gelingt es mir nach widrigem Auf und Nieder doch einmal, den Schreibtisch zu erreichen, dann stellt sich das, was ich nächtens als so toll aufschrieb, am nächsten Morgen als ziemlich läppisch heraus.

Laura

Jetzt, da sie mich sieht, läuft sie auf mich zu, schlingt ihre Arme um meinen Hals und möchte, dass ich sie hochhebe. „Hey, Laura, sage ich zu ihr, „der Opa kann solche Lasten nur im Ernstfall ... "
„Ich bin der Ernstfall", platzt sie heraus, was mich nötigt, sie hinauf in die erste Etage meiner selbst zu heben. Dort verharrt sie schlappe Augenblicke. Kaspert etwas herum und möchte, dass ich sie wieder herunterlasse. Aber nur, um erneut den Aufzug einzufordern.
„Neeeeeee, meine Liebste, stöhne ich. Jetzt ist Schluss. Jetzt gehen wir mal zum Kicker."

Laura ist fünf. Sie ist groß und hübsch, hat blonde Haare und ein lebhaftes Naturell. Noch liest sie nicht, noch schreibt sie nur fünf Buchstaben, deren Verbindung sie nicht auszusprechen vermag. Noch ist sie ein Vorschulkind, das bespielt sein möchte, das Aufmerksamkeit und Zuwendung erwartet – ja vehement einfordert, wenn ihr eines von beiden verweigert wird. Laura hat Phantasie. Sie spielt gern, was ihr im Kopf herumgeistert, manch virtuelle Geschichte, die Spaß macht. Mal Baby und Arzt, mal Vater und Kind. Dann stürmt sie hinauf in mein Zimmer, wirft sich aufs Bett und möchte, dass ich mitmache. Großvater setzt sich aufs Bett, lässt sich umlegen, lässt auf sich sitzen und herumflegeln, spricht Babysätze, wenn die gefordert sind.

Laura ist die Tochter meines Sohnes Leo, meines lieb-leid-vollen Sprosses, der den Weg in die moderne Welt auf vielfältige Weise begangen, ausgekostet und – zumindest bis heute – verbiestert hat. Er ist Spieler – Spieler von Gottes und seines Vaters Ungnaden, sagt er manchmal. Nach den Gründen für die absurde Neigung wagt niemand zu fragen. Leo ist ein Wendeverweigerer, ein Ost-West-Gespaltener, dessen Potential in Teilen verschütt ging. Der im Osten brilliert hatte und den Übergang nach Neo-Deutschland, das jobbedingte Verschwinden seines Vaters in den Westen, die bunten Oberflächen der neuen Zeit nicht aushielt. So meine Deutung, so meine Ungewissheit. Einzelheiten des schrecklichen Beginns, des Anspielens, des großen Versuchs, all und jedes zu übertrumpfen, sich aus dem Ekel herauszugewinnen, sind unbekannt. Was immer mal aufblitzt, ist das Ergebnis, weniger das erste, weniger das zweite, aber dann das dritte, das niederschmetternde, allseits verlustbringende.

Laura ist die Tochter meines Sohnes Leo, eines liebevollen Vaters, der Mühe hatte mit der Liebe. Nicht gegenüber seiner Tochter, nicht gegenüber seinem Prinzesschen. Nein: Hier stimmte alles, hier fuhren alle Wolken ihr Licht ein und lösten sich. Die Probleme lagen woanders. Immer und zu allererst in der verkorksten Kindheit, dann aber auch bei den erdachten, den ermalten Frauen, bei denen, die permanent lieben und seine Liebe permanent aushalten sollten.

Das Hindernis war der weiße Marmor, der der Wirklichkeit nicht standhielt. So auch bei der zuletzt umworbenen, dann werdenden Mutter, die einmal, dann aber nie wieder passen sollte oder … wollte, die schließlich Laura ins Leben half. Maria M. war es, Maria M., die blonde, die zögerliche. Sie hatte sich finden lassen: blond, hübsch, Gitarre spielend und MS-krank. Sie hatte meinen Sohn, sie hatte Leo acht Monate schmoren lassen. War sich unschlüssig, war sich der Krankheit bewusst, wollte nicht weg von der Nordsee. Hatte sich zweifellos gefragt, ob sie wegen eines Hartz-IVers alles – und das hieß Heimat und Job – aufkündigen sollte? Hat sich lange, zu lange gefragt, um hingerissen zu sein – offenbar ohne deutliche Mehrheit im Dafür. Ein Umstand, der Wut erzeugte – bei Leo, dem Liebenden, dem sexuell Verpressten.

Ja, Maria, sie ist dann doch gekommen, hat sich dann doch hingegeben, sich hergegeben, um den Engel zu zeugen, zu gebären. Der wurde, kam und war da. Maria indes, Maria war weiterhin blockiert, immer noch MS, immer noch im Zeitfenster von geradeso. Irgendwann muss ihr klar geworden sein: Leo hatte ihr zu viel abverlangt. Doch da sind auch Zweifel und manches bleibt vage: Leo könnte ihr die Liebe auf- oder abgenötigt, abgewünscht oder sonst wie haben. Auf jeden Fall stürzte etwas.

Laura ist die Enkelin, ist die Enkelin eines fast Fünfundsiebzigjährigen, der nett sein möchte, aber viel auf dem Kerbholz hat. So jedenfalls mein Sohn. Der meint, mich ertappt zu haben – ertappt mit dem Zuwenig an Vertrauen. Obwohl das doch gerade erneut strapaziert worden war – im Zuge der Warterei auf Maria, im Zuge des wenig Verkraftbaren. Leo war erneut rückfällig geworden, hatte erneut gezockt, das aber vor Ankunft der sehnsuchtsvoll Erwarteten noch verbergen können.

Ja, es geht um Leo, um meinen Sohn, der es in der Folge verdammt schwer hatte, weil die Frau – kaum, dass sie von der Schwangerschaft wusste – nicht mehr wollte, sprich: jeden Sex verweigerte, sich auch anderweitig nichts mehr zutraute, sich wenig um Jobs bemühte und entnervt mit dem Kopf an die Wand schlug.
Vielleicht ein Schnellschuss von Leo, der es gleichfalls schwer hatte, der es sich schwer machte – mit dieser strikten Einforderung von Liebe und den Ritualen von sonst wo.
Und dann wieder sie, Maria. War sie eine intelligente, eine kluge oder eben nur die verzweifelte Frau? Eine Frau, der die Libido plötzlich abging, weil Frust und Krankheit nichts anderes zuließen ...?

Leo, Maria, Laura und ich im Café PLENZ. Ich nervös, Leo extrem aufgedreht. Wodurch und warum? Ich weiß es nicht mehr. Kaum ist der Kaffee bestellt, platzt mein Gedanke, dieser dumme Spruch, der es mir bis heute schwer macht:
„Tut mir leid, sage ich, „aber das geht ab sofort nicht mehr: dass du dich allein in unserem Haus aufhältst. Dieses Haus gehört B., es ist das Haus meiner Frau, in dem ich, Dein Vater,

einwohne, für dessen Unversehrtheit ich einstehen müsste, wenn Du ... "

Mein Sohn Leo, der Spieler, mein Sohn Leo, dem ich nicht vertraue, dem ich unser Haus nicht anvertrauen kann. Dieser Leo muss endlich loskommen von dem Zeug, diesem Dreck ein für alle Mal abschwören.

Und die Schulden ...

„Ich wäre nicht sicher", sage ich, „ich müsste vermuten, dass du die Taschen meiner Frau und ihre Aktenordner durchwühlen, dass du Anhaltspunkte für Geldverstecke oder Depots suchen würdest. Nein, du in unserer Abwesenheit in unserem Hause? Unmöglich!"

Rede und Gegenrede. Das knallt so urplötzlich wie diese, meine Sätze gefallen sind, das beißt sich, das krallt sich ein in die Hirne. Wir sind jetzt Feinde, wir sind Bezichtiger und Bezichtigter, der eine ein Ankläger, der andere in Abwehrstellung: *Vater, was ist in dich gefahren ... ?*

Laura hört das, Laura sieht das. Sie nimmt die für sie unerklärliche Konfrontation, die Wochen während ständige Befestigung der Empörung, die Abwehrgespräche mit ins häusliche Viereck, mit in die kleine Ecke unter dem Fenster. Sie kann nicht checken, was die Eltern umtreibt, was der Vater durchsteht. Und sie weiß nicht, warum Großvater ein Teufel ist.

Vier Jahre dauert das Schweigen, vier Jahre die Kontaktsperre, die Distanz, die einem kaffeehäuslichen Disput entsprang, einem Schlagabtausch – der überraschend und doch logisch ins Abseits geführt hatte.

Vier Jahre brüteten sie:

Leo, Maria und natürlich auch ich, der ich die Anklage erregt und unsensibel in den Raum gestochen hatte. Ich, der aussprach, was er fühlte, was er empfand, der es dennoch nie hätte sagen dürfen. In schamvoller Unterlassung, die bis heute angesagt ist.

Denke, was du willst, aber halte die Klappe!

Schon schlimm, dass die Entschuldigung für meine, für Vaters,

Großvaters beredte Unbeherrschtheit so lange ausblieb. Ich hätte es revidieren müssen, hätte mein Gefühl, dass ich für Sohn und Spieler nicht bürgen konnte, einfach verstecken und mich aus dem Versteck heraus ducken müssen.

Genau genommen war alles noch furchtbarer, noch gravierender. Ein entsetzliches Missverständnis – etwas, das mein Sohn für bare Münze, etwas, das er für klar geäußert hielt und anders deutete. Er meint bis heute, er sei von mir des Diebstahls bezichtigt worden, des faktisch Getanen, des Durchwühlens ... dort irgendwann ... vor Ort, in unserem Hause. Und nicht nur das. Er sei auch beschuldigt worden, des Vaters Kontostand auf der Spur zu sein – am PC, mit zwei Passworten und dem Abbruch, als nichts fruchtete.
Auch darum dreht sich der Streit.

Zur Empörung im Cafe PLENZ hatte sich dieses Missverständnis gesellt. Dieses Aneinander-Vorbei, das mein Sohn bis heute in Frage stellt. Zur Empörung hatte sich Ablehnung, etwas wie leichter Hass gesellt, etwas, das man kurzzeitig mit Floskeln übertünchen, über das man punktuell hinwegkommen konnte oder auch nicht.
Was schließlich blieb, war bleiernes Schweigen.

Ich habe sie ganz selten gesehen – die kleine Familie. In den Schweigejahren lief sie mir kaum über den Weg und wenn ja: dann gab es zwei Worte, zwei Fragen, für die Antworten zu kurz griffen. Trotzdem habe ich Kontakt gehalten – mit Maria. Dem von Zukunftsängsten gepeinigten Wesen, einem Menschen, der Brücke wurde – wenngleich nur mit einer Fahrbahn. Wenn wir uns trafen, brachte sie Laura mit. Wir tranken dann Kaffee, und ich starrte auf das Kind, das mir fremd war.
Keine Frage: Ich habe an Leo vorbei gedacht. Der wiederum erfuhr es sicher und billigte es stillschweigend.

Wie auch immer: Die Bilder von Laura sprangen ruckweise, nahmen im Klick Gestalt an, spiegelten Farben, die ich so nicht

erwartet hatte, gaben Versatzstücke preis, die künftig passen oder sich querstellen konnten.
Laura war ein Kind, das mich, seinen Großvater, kaum kannte, das mich, den alten Mann anstarrte. Ich mochte der Mann sein, den man hier aufbockte, der hier und da Eis spendierte und ein Spielzeug bewegte.
Schon der Gedanke schien grotesk, und irgendwer riet mir, Briefe zu schreiben, Briefe an das kleine Mädchen, das irgendwann begreifen müsse, wer wir waren, was wir getan und gelassen hatten. O, ja!

Auf unbekanntem Terrain, inmitten der kleinen Familie, war ich Gesprächsthema, war ich der Böswillige, auf den man abwälzen konnte. Nicht alles, nicht immer. Denn, wie Leo später mitteilte, gingen die Wunden tiefer und die Verstimmungen im eigenen Umfeld waren nicht weniger tödlich. Maria wollte die Heimarbeit ausbauen, er baute etwas gelbseitig Digitales. Sie zögerte ständig, er schmiss das Gelbe und steuerte neue Jobs an. Jobs, für die er sich flachlegen, bis zum Exzess strampeln musste. Für deren Vorbereitung er Unterstützung, Rücksichtnahme, einforderte, sogar ihre und des Kindes Abwesenheit. Eine extreme Option. Aber sie hätte zu ihren Eltern an die Nordsee, diese zwei Wochen an die Küste fahren können – wie sie es in größeren Abständen sowieso tat. Warum war sie in der Krise auf die Klötzer gegangen? Warum hatte sie Leos Ansinnen als Zumutung, als Nötigung empfunden? War sie einfach verstockt, genervt, zu überfordert, um die Chance zu begreifen? Hier tat sich ein Vakuum auf. Glaubte man Leo, dann gab es nur ihn. Ihn, den Maria im Regen ließ, den Verlassenen, den Hängengelassenen. Schaute man auf Maria, dann war man nicht sicher, ob das Bild stimmte.

Die Nicht-Ehe, die vage Verbindung, die fest hatte sein sollen, zerbrach, zerbrach unter Umständen, die sich über Jahre ergeben, vervielfältigt und vergiftet hatten. Zerbrach schließlich in neuerlicher Ekstase, einem Anfall von Spielwut, Casino-Hysterie und Verzweiflung. Er, mein Sohn Leo, sei zutiefst unglücklich gewesen, kommentierte er später. Ich, sein Vater und sie, Marie – wir hätten ihn fix und fertig und zur Weißglut ... Er habe es nicht mehr ausgehalten. Unglücklich? Ja. Unglücklich war er. Daran besteht kein Zweifel. Aber hat er wieder spielen und sie ausrauben dürfen? Hat er seiner Frau das wenige Geld abpressen müssen, das sie angespart hatte? Mitnichten – überhaupt nicht!

Jetzt waren beide verarmt. Maria, weil sie Leo ihre gesamten Ersparnisse überlassen, Leo, weil er dieses Geld verzockt hatte. Parallel dazu diese Tage der Leblosigkeit, schließlich die bekannten Ausflüchte: Er habe einen fremden Server auf dem Gewissen, einen Unfall verursacht, werde von Leuten bedroht, denen er Geld schulde. Es lag nahe, all das für erfunden zu halten, für einen Trick am Bildrand. Er selbst, Leo, war sich abhanden gekommen – ausgelaugt, mittellos, ein Haufen Elend, aber schlagartig voller Reue und verständnisvoll, was die Vorwürfe anging. Nur sehr kleinlaut sein Hinweis, dass er krank sei.

Ich, sein Vater, war nicht für ihn eingesprungen. Selbst als Leo erneut in die Kasse gegriffen hatte, war ich stur geblieben. *Keinen Cent*, hatte ich geschrien. *Diese Scheiße musst du allein ausbaden!*

Wieder war ein Chef entsetzt, wieder hatte das den Job gekostet. Und dann doch bei mir schlechte Gefühle befördert. Zwar wusste ich, dass ich Leo keine größere Menge Bargeld zustecken durfte, zwar wusste ich ... Doch was hieß das schon? Immerhin hätte Leo diesmal verhaftet werden können. Das geschah schnell, wenn niemand da war, der die Zeche bezahlte. Zum Glück kam es nicht zum Äußersten. Der Unternehmer beließ es beim Rausschmiss.

Im Februar, nur wenige Tage nach diesem Rückfall – die Trennung. Sie, Maria, zieht in eine Wohnung, die ich auftue, er, Leo, in eine andere, die fünfhundert Euro extra kostet. Das Kind Laura kann nicht wählen, soll nicht wählen, steht in

der Lücke, die größer nicht sein kann. Vorerst wird sie geschoben. Mal nimmt sie Papa, wohnhaft ist sie bei Mama, und dann ist sie immer mal bei den Großeltern an der Küste.
In der Folge – die große Verwirrtheit. Ein sich aufbauender Hass bei Maria, die irgendwann ihre Lage begreift. Eine sich viel zu schnell vollziehende Wiederbelebung bei Leo, der nach dem Absturz die Therapie versprochen hatte, die feste, die stationäre, die – so hofften wir damals – einzig wirkungsvolle. Schließlich ein neues unerklärliches Selbstbewusstsein, noch schmerzverzerrt, aber schon erneut abwegig. Etwas mit Schiebe-Verschiebetaktik, die Therapie betreffend, die man anmelden, auf die man warten müsse. Dann wochenlang nichts, keine Auskunft, kein Termin, die Ärztin unbekannt. Ich, der Vater, im Versuch, die Ärztin ausfindig zu machen, sie aufzusuchen, von ihr zu erfahren, wie …
Das alles irgendwann abgebrochen, weil schon vom Denken her übergriffig. Das alles beiseite gerückt, weil ich endlich versucht war zu vertrauen. In einem Moment, der endlich Zwiesprache ermöglichte – ganz so, als könnten Katastrophen Wunder bewirken.

Leo sucht neue Jobs, Leo findet neue Jobs. Wir knicken ein, fordern zumindest nicht druckvoll genug, dass er zuerst in die Therapie … Leos Bruder insistiert, er macht mir Vorwürfe. Ich dürfe mich nicht erneut austricksen lassen.
Nun, er selbst wird auch ausgetrickst. Was folgt, ist Schweigen und ein Sich-Selbst-Beschwichtigen. Das Aufgeben der straffen, zielführenden Haltung. Das Abwarten und Kommenlassen.
Zunächst passiert nichts, was uns Angst macht. Leo bekommt einen Job, lässt sich prekär herumjagen, ausbeuten, fährt durch ganz Deutschland und repariert Supermarktkassen. Hält das nach neun Monaten körperlich nicht mehr aus und muss aufgeben. Ruht aus, heilt seine Psoriasis-Wunden, versinkt in Schweigen, sieht dann aber plötzlich die Tochter, die ihm fast aus den Augen geraten war.
Noch immer sind Schulden abzutragen. Leo hat immer welche:

aus der alten Wohnung, aus Rückständen, die weiß der Teufel warum neu aufliefen und nicht bedient wurden. Er lässt Strafzettel liegen bis sie fünfmal schwerer wiegen, bezahlt Strom- und Telefonrechnungen nicht, weil Geldeintreiber die letzten Mittel wegziehen. Die Außenstände sind relevant, doch wie hoch sie sind, weiß niemand. Feststeht, dass Maria für nichts aufkommen wird. Er, Leo, hat sie ausgeraubt, mittelos gemacht und handlungsunfähig. Dennoch kommt Maria irgendwie klar. Ihre Einkünfte sind marginal, aber ARGE und Eltern helfen ihr. Von Leo kommt kein Euro. Ich rate ihm zur Zahlung einer Minirate, damit erkennbar wird, dass er zurückzahlen, wieder gut machen möchte. Aber es passiert nichts. Weil er selbst die kleine Rate kaum aufzubringen vermag.

Maria lässt bei Laura noch mit fünf Jahren den Nuckel zu, den Gaumendeformierer, den Zähneverunstalter. Maria vergibt FeenGeschenke an die Tochter, wenn sie vom Vater zurückkehrt. Leo ist rot vor Wut, wenn er das erfährt, pocht auf Fairness. Doch Maria weicht ihm aus, hält ihn hin, widerspricht ständig. Maria, die längst beschlossen hat, das Kind für sich zu vereinnahmen, die strikt meint, damit im Recht zu sein, die es ablehnt, ständig bevormundet zu werden, sie schaltet auf stur. Zieht sich zurück und schweigt. Der verdammte Leo hat ihr die akute Not beschert, die nackte Armut. Hinzu kommt die MS. Laura soll und wird *ihre* Tochter sein, und der Vater nur so viel von ihr abbekommen, wie das Gesetz vorschreibt.

Leo spürt plötzlich, wie Laura gegen ihn in Stellung gebracht wird. Er weiß, dass auch Marias Eltern seit langem gegen ihn Stimmung machen. Kein Wunder bei Leos Kahlschlägen. Ein sich aufbauender Hass gegen den Rabenvater, der nicht nur die Kassen plünderte, sondern auch die Alimente verweigert, der sich außer Stande sieht, das Geringste zu leisten.

Jetzt kommen – so lässt sich vermuten – Marias strapazierte Gefühle hinzu. Ihre beiläufigen Bemerkungen über den Papa, der für die Trennung verantwortlich ist, der ihr, der Mutter das gesamte Geld entwendet hat, der für alles Schlimme, was die Zukunft noch bringen würde, verantwortlich ist.

Leo hat irrwitzig sortiert. Er besteht darauf, seine Vergehen von Lauras Schicksal zu trennen. Die Spielerei – so sein flammender Appell – habe mit dem Verhältnis zur Tochter nichts zu tun. Die Sucht und das Kind – es seien einfach zwei Paar Schuhe.
Maria müsse endlich begreifen, sich in die Tatsachen schicken, und das Kind nach seinen, Leos Regeln erziehen.
Tatsächlich macht er Maria weiterhin Vorhaltungen – wegen der Vom-Vater-zurück-Geschenke, wegen des Nuckels, weil Laura immer mal schmutzige Kleidung und im Sommer gefütterte Stiefel trage.
Einiges davon moniert er zu Recht, muss aber feststellen, dass seine Hinweise ins Leere laufen, nicht als Hilfe, sondern im Gegenteil: als Anklage, verstanden werden.
„Komm mir nicht so!" schreit Maria mehrfach. „Nicht ständig diese Vorwürfe, diese tausend Mails mit Anweisungen fürs Leben."

Leo ist außer sich. Er beklagt sich bei B. und bei mir. Er beschwert sich über Marias Reaktionen: ihre plötzliche Reglosigkeit, ihr Zurückgezogensein, die Verweigerung der Kontakte. Die Frau – so schreit er wütend – tickt nicht richtig ...
Und dann dieser Samstag, diese Zusammenkunft in Marias Wohnung.
Maria will solche Treffen nicht. Sie hasst dieses Eindringen in ihre Wohnung, dieses Drängen auf gemeinsames Kaffeetrinken und Betutteln der Tochter. Macht dann deutlich, dass es rücksichtslos sei, das Kind aus der Spielsituation zu entkoppeln. Es dürfe nicht genötigt und herausgerissen werden – nur weil Papa groß und überraschend dastünde. Abrupte Kehrtwendungen brächten nur Stress.
Und tatsächlich: Das Kind weigert sich, auch nur aufzuschauen. Es will weiterspielen. Es verweigert sich dem Vater, der dasteht und es mitnehmen möchte. Geschrei darum. Die törichte Eskapade um die richtige Verfahrensweise. Der Vater löst sich, geht vor die Haustür und wartet. Er hofft, dass Maria mit ihm und dem Kind in seine Wohnung

kommen, vielleicht das Spielzimmer anschauen würden, das er so hingebungsvoll gestaltet hat.
Nix da! Maria kommt zwar mit dem Kind nach unten, nimmt auch hin, dass Leo sich anhängt, unaufhörlich auf Mutter und Kind einredet, schweigt dann aber unerbittlich.
Schließlich der abrupte SchlussAkkord. Leo entscheidet: Gegen den Willen seiner Tochter läuft gar nichts und zu Laura gewandt: „Wenn du mich nicht willst, dann musst du nicht." Leo lehnt es also ab, das Kind mit Gewalt an sich zu reißen. Er lehnt es ab, das Kind zu fassen und zwanghaft in seine Wohnung zu überführen. Nichts fürchtet er mehr als die totale Entgleisung: Ein schreiendes Kind, das sich jederzeit auf die Erde werfen und nach ihm schlagen könnte.
Maria tut nichts, um die Situation zu entschärfen. Sie untergräbt ein mögliches Einverständnis, eine Art Kooperation, die das Kind hätte auf den Weg bringen können. Auf den Weg zum Vater. Nein, Maria schiebt nicht, sie kümmert sich nicht um die mögliche Schlichtung, sie unterlässt es, das Kind aufzufordern. Es aufzufordern, dem Vater – und zwar sofort – zu folgen.
Leo geht unverrichteter Dinge. Er ist fest davon überzeugt, dass etwas Grundsätzliches zerbrochen ist. Maria bleibt schweigend zurück. Was sie denkt, weiß Leo nicht.

Zwei Tage später – unverhofft, ja wie immer: unangekündigt – Leos Besuch bei uns. Dann umgehend der große Vortrag: Maria müsse ihre Haltung sofort und unmissverständlich verändern. Tue sie das nicht, dann sei jede Einvernehmlichkeit zu Ende. Er wolle Laura erst dann wieder begegnen, wenn das klar sei.
Wir am Küchentisch, wir eingespannt in diese Spannung, in dieses Netz von Gegensätzen. Mit dem Ansinnen konfrontiert, dass Leo den Kontakt zum Kind auch aufkündigen könnte. Weil, wie er sagt, das Kindeswohl nur dann zu gewährleisten sei, wenn der ständige Streit und das Gezerre zwischen den Eltern aufhöre. Maria müsse einsehen, dass er, Leo, in zentralen Fragen Recht habe und endlich auf die „elterliche Hand-

habung" einschwenken, die ihm, dem Vater, sinnvoll erscheine. Schließlich müsse es möglich sein, dass jeder Partner Strategien einbringe, aber auch Missmanagement einklage. Dreckige Jacken, Nuckel und Feengeschenke müssten – ohne, dass es zu Aufständen komme – reklamiert werden können. Man müsse sich – natürlich ohne das Kind – besprechen und kooperieren.

Wir beide – B. und ich – versuchen Leo zu lockern, machen ihm klar, dass Maria nicht nachgeben werde. Gleichwohl müsse sie, Maria, begreifen, dass es im Interesse des Kindes sei, die Gegenwart des Vaters zu erhalten. Ihn, Leo, beschwören wir, den Kontakt zum Kind um jeden Preis aufrecht zu erhalten – auch wenn es den Kotau koste. Laura dürfe nicht und niemals strittigen Prinzipien geopfert werden.

Leo bleibt stur. Er strafft seine Haltungen noch, besteht auf Marias Kapitulation, auf ihrer Entschuldigung für das verdammte – und natürlich verhängnisvolle – „RückkehrGeschenk".

Irgendwann im November kommt es zum Dreiergespräch bei der Elternhilfe. Beide – sowohl Maria als auch Leo – sind mit ihren Argumenten bewaffnet. Die Schiedsrichterin – sie lässt beide reden, verhindert, dass beide übereinander herfallen, geht dazwischen, wenn Behauptungen aufgestellt, Beweise aber nicht erbracht werden. Wohnt bei, folgt den Reden, stellt fest, dass sich beide ineinander verhaken, warnt vor Beleidigungen. Sagt schließlich nichts, nichts zum Thema, nichts zu den Inhalten, nichts zu den Argumentationen. Begründet die fehlende Stellungnahme, die Parteilosigkeit damit, dass es viele Wege zur Wahrheit gebe, dass die Betroffenen selbst den für sie geeigneten finden müssten, dass es ihr, der Beraterin, vorgegeben werde, neutral zu sein und – das ergänzt Leo wütend – unangreifbar zu bleiben.

Ja, Leo ist wütend. Aufgeheizt vom Theater fordert er, dass sie, die Beraterin, beraten müsse. Schließlich gebe es feste, unverrückte Grundzüge von Erziehung. Um die ginge es hier, und da müsse die eine, die unstrittige ... Richtlinie her.

Die Angesprochene bringt den Arm in Vorhalte, verwahrt sich gegen den Ton und besteht darauf, dass es nicht ihre Aufgabe sei ...

Inmitten der Distanz, inmitten der Zurückgezogenheit, der Unberührtheit ... der nächste Eklat. Maria besucht eine Veranstaltung, die wir beide – B. und ich – organisiert haben. Und zu der sie – diesmal mit Nachdruck – eingeladen ist. Wir ahnen nicht, dass dieser Tipp an dieser Stelle und zu dieser Zeit grundfalsch ist.
Maria kommt. Sie kommt spät, aber sie kommt – an ihrer Seite: Laura.
Zufällig ist Leo zu diesem Zeitpunkt in Düsseldorf unterwegs. Dass er irgendwann zurückkehren und dann ebenfalls bei unserer Veranstaltung auflaufen würde, hätte uns klar sein müssen.
Aber wir hatten genau diesen Umstand nicht im Blickfeld. Und so traf sich, was in dieser Lage hätte getrennt bleiben müssen.
Leo in der Tür, Leo in der Zwischentür, dann am Klavier vorbei zur Garderobe. Alles in der Nähe des Eingangs. Maria und Laura ganz in seiner Nähe – in einer der Kojen. Sie folgen den Texten und hören die Musik, die vom Fenster herüberschwingt. Hören und trinken Tee, essen die auf dem Tisch liegenden Plätzchen.
Leo, der seine Jacke abgelegt hat, nähert sich, streicht der Kleinen übers Haar. Vier Wochen nicht gesehen, vier Wochen nicht miteinander telefoniert, vier Wochen gar nichts. Und jetzt das flüchtige Anerbieten, die Zuwendung, dieses: *na, meine kleine Prinzessin*.
Die Prinzessin ist keine Prinzessin, zumindest nicht *die*, die er sich vorstellt. Für ihn, meinen Sohn, bleibt sie allenfalls die auf die Mutter fixierte Tochter, die artig dasitzt, keinen Lärm macht, nicht in Text und Musik hineinquatscht – die alles bis zu diesem Moment richtig macht. Und dann eben nicht.
Laura ist keine Prinzessin. Sie ist ein kleines ängstliches Wesen. Ein Kind, das sich plötzlich wegduckt, des Vaters Hand ab-

streift, sie zurückweist, ein Kind, das sein Gesicht verbirgt, sich versteckt und bei Maria in Deckung geht.
Leos Traurigkeit, sein Entsetztsein – noch sind sie nicht voll ausgebildet. Noch wachsen sie weiter im zerstörten Gesicht. B. und ich nehmen das nicht wahr. Der Veranstaltungsstress, die Rückbaunotwendigkeiten, das Verabschiedungszeremoniell – all das sitzt uns noch in den Knochen.
Am hinteren Ende des Saals: Maria und Laura im Aufbruch. Leo – er macht ganz plötzlich den Eindruck eines Abgeklemmten – Leo hängt bei Leuten, die ihn festhalten wollen. Dann sein Abtauchen. Er ist weg.

Wir beide – B. und ich – irgendwann zu Hause. Das Erlebte wird plötzlich plastisch. Die Veranstaltung ist abgeschwommen, stattdessen Leo, Maria und Laura.
„Das ist völlig klar", sage ich „diese Tochter wurde und wird permanent verwirrt."
„Schlimm", sagt B. „wenn das so weiter geht, sehe ich schwarz."

Das Kind wird dem Vater entfremdet. Gut möglich, dass subjektive Empfindungen durchschlagen, nämlich die, dass es mit dem Vater weniger schön sei, dass Vater weniger durchgehen lasse, ständig Stress mache und die Mutter beschimpfe. Die Reaktionen des Kindes, seine Ausweich- und Abwehrbewegungen könnten all das durchaus spiegeln.
Ist das wirklich so? Ist das zu weit ausgeholt, ist das nicht eher ein untypischer Einzelfall, eine Kleinkindreaktion, die morgen völlig anders ausfallen könnte???

Leo bleibt verschwunden.
B. fragt, ob man mit dem Schlimmsten rechnen müsse ...
„Ja und ... nein", erwidere ich.
Mehrere Fortsetzungen sind möglich. Wirklich nahe liegt nur eine: Maria bekommt ihre, von Leo verursachte Demütigung nicht aus dem Kopf. Sie ist mittellos und hat darüber hinaus Schulden. Sie verabscheut Leos Besserwisserei und Vorwür-

figkeit. Sie will nichts mehr, absolut nichts mehr mit ihm zu tun haben.
Tage zuvor hatte sie noch behauptet, Leo nicht zu hassen, vielmehr habe sie Mitleid gespürt. Das kehrt sich jetzt ins Gegenteil: Maria ist abseits der guten Vorsätze. Ganz sicher wird sie es darauf ankommen lassen. Nicht auf die schreierische Weise wie unlängst, wohl aber auf die subtile, muttergemachte Art: Entzug, Indoktrination und Schweigen. Mit mir, dem Großvater, und B. würde sie es aushalten können. Sie würde das Kind tageweise, vielleicht sogar über Nacht abgeben, um selbst mehr Freiheit zu erlangen. Mit uns liegt sie nicht im Krieg. Wie aber sollen Menschen wie wir, eingebunden in familiäre Bindungen, reagieren. Liegt das Kindeswohl jetzt in unserer Hand – im Wettbewerb zum abgewiesenen Vater.
„Ja", sage ich.
„Ja", sagt B. „wir müssen uns um das Kind kümmern. Sonst ist es weg. Und wir müssen Leo bewegen, das Kind in unserem Umfeld zu treffen. Eine WiederEingewöhnung ermöglichen."

Ja, es geht darum, ein neues Aufeinanderzu anzustoßen – etwas, das Leo vor kurzem noch strikt verweigerte.
Aber gibt es eine brauchbare Zukunft? Gibt es die Chance, der Sucht, der Verächtlichmachung des Vaters entgegenzuwirken? Ist es möglich, dem Kind klarzumachen, dass sein Erzeuger ein äußerst liebevoller, um das Kindeswohl besorgter Vater ist – der sich an dieser, dieser brüchigen Front immer auch verdient gemacht hat? Der sich um alles kümmerte, wenn Laura bei ihm war, der mit ihr spielte, tobte, mit ihr Eis aß und Limo trank, mit ihr auf Spielplätzen unterwegs war, mit ihr Fahrrad fuhr – was Maria, die vom Rollstuhl Abhängige, nur bedingt leisten konnte.
Kann es gelingen, den berechtigten Zorn Marias auf den falschen Mann, auf den Spieler und Besserwisser irgendwie auszudünnen. Wird man dem Kind gegenüber klarstellen können, dass das irgendwann irgendwie sortiert werden müsse.
In diesen Tagen vermutlich nicht. Laura ist noch klein. Sie versteht nicht, sie begreift nur, was angenehm und schmerzhaft

ist, und versucht, sich im Warmen zu halten. Sie checkt noch nicht, wie es im Zwischenmenschlichen zugeht. Sie ahnt etwas, aber sie kann es nicht

… einbetten.

aufgerüstet

Ich habe mir das schwarze Sakko angetan, sorgsam den obersten Knopf meines Hemdes geschlossen und die Krawatte fest bis vor den Kehlkopf gezurrt. Ich sitze auf dem Stuhl und blättere das Buch durch. Eine kleine Lampe lichtet das Halbdunkel des Zimmers. Niemand ist bei mir, und dennoch beginne ich zu lesen – ein Essay von *Walser*.

Ich habe die dunkle Hose mit dem hellen Jackett kombiniert. Beides passt zueinander und mein rotes Hemd funkelt. Ich sitze an einem Tisch und habe das Buch aufgeschlagen. Neben mir hockt Erwin. Er hat sich gegen sein Cello gelehnt. Vor uns in der Kellerbar sitzen fünf Gäste. Mein Bruder ist darunter, meine Frau und Enkel Giesbert. Während ich vor mich hinstarre, spielt Erwin den ersten Streich. Er klingt etwas seltsam, doch ich gewöhne mich. Als der Bogen die Saiten verlässt, zitiere ich
Kreissler ...

Ich habe den Pullover bewusst über die helle Hose gerollt. An den Füßen trage ich Mokassins. Vor mir steht ein Notenständer, der mein Buch trägt. Am rechten Treppenaufgang lagern etwas unausgeschlafen: Bert mit der Geige, Lisbeth mit der Querflöte und Heinrich auf dem Schlagzeug. Obwohl sie lustlos wirken, weiß ich, dass sie verlässlich sind.
Vor uns im Speisesaal sitzen zehn Besucher. Zwei von ihnen streiten sich über den Schützenzug, drei über den Abstieg der SPD. Als ich das Zeichen gebe, fiedelt, flötet und schlägt es. Mir graust ein wenig. Doch das Ganze ebbt ab, macht Platz für den Prolog ... zu meinem Roman ...

Diesmal habe ich stonewashed gewählt, meine Haare gegeelt und den Schlips um den nackten Hals gelegt. Mein T-Shirt

müffelt ein wenig, doch Renate meinte, das ginge noch. Ich schwenke ein schnurloses Mikro vor dem Mund und blase. Eeeeeiiii! rufe ich und im Wechsel, Iiiiieeee! Neben mir auf dem Boden lungert Wolfram. Er hat das Waschbrett bei sich, auf das er rhythmisch einschlägt. Booheeeyyyy! jodelt er dabei und wirft die Haare zurück.
Vor uns im Festzelt sitzen fünfzig Leute. Oscar, Tina und Leo winken uns zu. Als es acht ist, schlägt Wolfram die Drahtbürste vor den Pott. Es kreischt grässlich. Doch zum Ohropaxen ist es zu spät.
Ich nehme einen Schluck aus der Pulle, reiße am Manuskript und starte: *Der kleine Dichter/Irgendwer/wird immer schlichter/ tut sich schwer/ mit seinen Versen ungelenk/verpasst er sich ein Wortgezänk.*
Aus der Menge ruft jemand: AUFHÖREN!
Ich habe schon immer dichten wollen, rufe ich zurück ... rufe und sehe, wie sie aufstehen ...

Ich habe es bei der kurzen Hose belassen. Sie ist blauweiß gestreift und ausgebeult. Mein Hemd steht offen, und ich spüre wie der Schweiß sickert. Ich führe einen messingfarbenen Trichter vor den Mund und stöhne etwas. Joe rülpst in den Hals einer Gießkanne und ächzt ebenfalls.
Vor uns in der offenen Halle sitzen hundert Leute. Sie schreien durcheinander, weil der Kellner nicht kommt. Als ich das T-Shirt lüfte, bläst Joe die Trompete. Es ist die Kannentrompete, und er macht es super. Als sein Tröten ausläuft, fahre ich lauttönend fort: *Wer in die Glotze kotzt, statt in sie glotzt, der hat sie trefflich angemotzt ...*

Diesmal genügt die Radlerhose. Sie ist pinkfarben und passt zu den Schuhen. Neben mir steht Bernhard. Er hält einen Kamm vor den Schnauzer und jault ins Papier. Mikro, Verstärker und Lautsprecher machen daraus ein Blöken, das mich schwindeln lässt.
Vor uns in der Arena sitzen dreihundert Leute. Einige von ihnen schwenken besoffen mein Faltblatt. Anfangen, brül-

len sie. Als Bernhard mit dem Kamm durch die Haare fährt, schreie ich los: *Der SteuersteuerTEUERsünder, ist immer auch ein Mädchenschinder, denn was er heimlich unterschlägt, das hat ihn unten auch erregt....*

Jetzt sind es nurmehr zwei Feigenblätter. Sie haben sie mir vorn und hinten ins Fleisch geklebt. Ich stehe auf dem verdammten Flugfeld und starre auf den roten Teppich. Von rechts blendet mich ein LaserBeamer. Er projiziert die Reste meiner Stattlichkeit an die Hangerwand. Vor und hinter mir stehen Tausende. Sie haben Trillerpfeifen in den Händen und blasen, was das Zeug hält. Los doch, los doch! brüllt nun auch der Hubschrauberpilot. Doch die Zeit stimmt nicht, und der Weg ist nicht ausgeleuchtet. Statt des grandiosen Auftritts bleibt nur die Notlösung: Ran ans Fahrwerk des Helikopters und angekettet. Als ich fest bin, startet das Ding. Ein Ruck will, dass mein Megaphon zwischen den Arschbacken landet. Anstelle des Jandlschen Dreizeilers, den ich im Tiefflug brüllen wollte, entweicht mir ein Furz, etwas, das sich laut dröhnend über dem Platz verbreitet.
BRRRRRRRCCCCCCHHHHHHHH – oder so ähnlich.

Anmerkungen 2

Damals lagen wir mit den Unterarmen in den D-Zug-Fenstern und ließen uns Wind und Ruß in die Augen wehen. Wir rieben das Schwarze heraus und das Graue hinein. Was unten auf dem Emaille-Schild stand, interessierte uns nicht: E`PERICOLOSO SPORGERSI! (nicht hinauslehnen!)

Die Irrlichter dimmen, die Irrlichter!

Wie kann man sich selbst treu bleiben, wenn man nicht weiß, wer man ist?

Alt zu werden bedeutet, Ego, Würde und Verdienste gegen den Schmerz zu tauschen. Viele von uns bleiben im Gedächtnis der Nachkommen als schlecht gelaunte, inkontinente oder demente Monster ...

Meinen Nachruf möchte ich schon selbst verfassen!

Ich warne davor, die Menschen voreilig zu beurteilen. Viele Physiognomien sagen nichts darüber aus, was hinter der Haut steckt.

Aus der Vielfalt des Unbegreiflichen erschließt sich Gott. Und weil das wirklich Wichtige (die Mystik des Weltalls/das Kleinste und das Größte/die Unendlichkeit von Raum und Zeit) auf ewig ungeklärt bleibt, bleibt auch Gott.

Testamentarisch: die GPS-Daten meiner SteinpilzStellen

Mathematik zwei!

Ob ihr es glaubt oder nicht: Mit der Mathematik habe ich mich jahrelang schwergetan. Ich paukte zwar unverdrossen, konnte sie aber – fast die gesamte Oberschulzeit über – kaum in mir festzurren. Ich erinnere mich an eine Begebenheit in der elften Klasse: Wir schrieben eine Mathearbeit, bei der aus Texten heraus differenziert und integriert werden musste. Ich verstand nur Bahnhof und setzte nun alles daran, den vorprogrammierten Misston durch eifriges Gebaren wettzumachen. Ich ging auf die gestellten Fragen nur scheinbar ein und flüchtete mich nach dem Prinzip *Elefantenrüssel-Rüsselkäfer* in die Sphäre, für die ich kräftig auswendig gelernt hatte. Auf vierzehn Seiten schrieb ich alles auf, was den gestellten Aufgaben ähnlich schien und gab das entstandene Konvolut nach genau einer Stunde am Lehrerpult ab.

Eine Woche lang war mir klar, dass ich zu keiner der gestellten Aufgaben die richtige Lösung gefunden hatte. Was nach Adam Riese zur schlechtesten Note, einer fünf, führen musste. Als unser Mathelehrer sich anschickte, unsere Arbeiten zurückzugeben, wusste ich schon, dass Eckhard K., Armin H. und Horst R. wie immer obsiegt hatten. Ihre Noten schwankten immer zwischen eins und zwei, und sie führten damit das Feld der mehr oder weniger Erfolglosen an. Als Alfred Holzer mein Heft in der Hand hielt, muss mir der Schweiß millimeterdick auf der Stirn gestanden haben. Eine Ausflucht schien unmöglich. Holzer grinste etwas. Er blätterte in den vierzehn Seiten und holte dann zu einem Spruch aus, der lebenslang in meinem Hirn tobte. *Scharfenorth*, sagte er, *sie haben keine der Aufgaben auch nur annähernd gelöst. Nicht einmal die Ansätze sind eine Erfreuung wert. Doch,* und damit wandte sich Holzer an die ganze Klasse, *er hat sich viel mit Mathematik beschäftigt, nichts verstanden und einfach weiter gemacht. Reiner Fleiß wird normalerweise nicht belohnt. Hier aber mache ich eine Ausnahme: Ich gebe ihm eine vier!*

Dieses Erlebnis hat mich lange beschäftigt und irgendwann meinen Ehrgeiz so angestachelt, dass ich zur Wende fähig wurde. Auf welche Weise auch immer gelang es mir, einige der anstehenden Grundregeln zu begreifen und auf Teilstrecken zu punkten. Die folgenden Arbeiten fielen dann besser aus, und im Abi hatte ich das Glück, auf genau die Problemstellungen zu treffen, die mir plötzlich geläufig waren. Ich gebe zu, dass die Abschlussnote zwei alles andere als gerechtfertigt, ja im Grunde ein Glücksfall war. Mit dem ich ein paar Wochen überdauern, aber keinesfalls ein Studium der Metallformung erfolgreich absolvieren konnte. Dieses Studium galt als das härteste an der Bergakademie Freiberg, etwas, das ohne Mathematik und die darauf aufbauende Mechanik und Maschinenkunde undenkbar war.

Manche Knoten platzen spät. Ich gehörte zu denen, die gordisch verschnürt waren und den Messergriff in letzter Sekunde zu packen bekommen. Keine Ahnung, welche Synapsen da plötzlich zunapsten, andockten oder Wege frei schlugen. Ich wurde quasi über Nacht ein Mathe-Ass, jemand, der sich zwanghaft zum Denken befahl und diesem Aufruf folgte, weil er logisch schien. Ich habe das dritte Semester Mathe mit *sehr gut* abgeschlossen, was ich bis heute als Höhepunkt meiner denkerischen Fähigkeiten betrachte. Teile dieser Neigung habe ich fortentwickelt und erfolgreich umgesetzt. Eine gewisse Zeit lang.

Dann aber drehte sich das wieder: Ich erlebte die allmähliche Auszehrung. Um es genau zu sagen: Ich hatte kaum mehr mit Mathematik zu tun. Fast unmerklich geriet sie in Vergessenheit, und so wie ein nicht oder wenig gebrauchtes Organ irgendwann seinen Dienst aufkündigt, so verzwergte auch mein diesbezügliches Wissen. Zwar käme ich heute – was billige Kurvendiskussionen und Gleichungen mit mehreren Unbekannten angeht – recht schnell in die alte Form zurück. Doch bei Differentialgleichungen müsste ich sicher passen.

Vielleicht ist es diese Entfremdung von den Grundlagen, die mich bewegte, alles Ingenieurmäßige – zumindest aber das von höherer Mathematik kontaminierte – mit einem Schlag aufzukündigen. Aus dem Ingenieur wurde ein Kultureur.

Heute bin ich zu fast 100% mathematik- und physikfrei – und weiß trotzdem, warum etwas läuft, sich dreht, trägt oder umhergeistert. Ganz gleich, ob ihm Gang, Nabe, Gurt oder ein Schloss zu Gebote stehen – oder nicht.

abgewürgt

*D*ie Hand hatte seinen Hals umklammert. Er spürte deutlich, wie sie seitlich einschnitt und die Schlagader aufquellen ließ.
Ich werde Ihnen beibringen, schrie eine Stimme, wann und wie Sie sich auf die Prüfung vorzubereiten haben …!
Robert Mößgen wusste, dass es auch diesmal Staudinger war, der ihn erwischt hatte. Staudinger mit dem perversen Hang zum Handgreiflichen. Doch obwohl er sicher war, den alten Pauker vor sich zu haben, konnte er dessen Gesicht nicht ausmachen. Der Kopf war starr abgewandt, so, als wollte er unerkannt bleiben.
Ich hatte vor, mich anzumelden …, stöhnte Robert und versuchte mit beiden Händen den Griff zu lockern.
Sie sind jetzt dreiunddreißig Jahre in Verzug, Mößgen, brüllte Staudinger, jetzt reicht's …!
Mit diesen Worten gab er sein Opfer frei. Doch nur zum Schein. Denn kaum, dass Staudinger seine Pranke frei hatte, nahm er ein riesiges Lineal vom Katheder und schlug es Robert mit aller Wucht ins Gesicht.

*V*erwirrung, Aufschrei, die Suche nach Blut. Aber Blut gab es nicht. Stattdessen ein bis zur Unkenntlichkeit zerknautschtes Laken und den schweißnassen Pyjama.
Wieder dieser Scheißtraum, stöhnte Robert, zog notdürftig die Unterlage zurecht und sank ins Kissen zurück. Er verharrte einen Moment, so, als wollte er prüfen, ob ihn erneut der Schlag träfe. Dann aber richtete er sich auf und hangelte nach dem Wasser. Es stand dicht neben ihm auf dem Nachttisch.
Noch während er hastig trank, begriff er. Ja mehr noch: Er spürte, dass dieser Alptraum Sinn machte, dass er alte Prüfungsängste spiegelte, Dinge, die weit zurücklagen. Doch der Auslöser musste ein Disput sein, ein heftiger Schlagabtausch mit seinem Enkel. *Verdammter Unsinn,* dachte Robert, *was*

ihm Tim am Abend aufgetischt hatte. Dieser blöde Asteroid, stöhnte er und nahm einen zweiten Schluck. *Dieses Ding hatte sich irgendwie in den Traum geschlichen. So jedenfalls schien es.* Und erst jetzt, als Robert etwas zu sich kam, tauchten die Details auf, scharfzüngig formuliert und verwirrend. Wie er denn an der Wirkung von KampfLasern zweifeln könne, hatte der Achtzehnjährige gefragt. Gerade er als Wissenschaftler müsse doch begeistert sein. Und Asterioden träfen doch immer mal.
Robert Mößgen – das fiel ihm jetzt auf – hatte sich schlapp gefühlt. Es hasste das Gerede über SDI, und dass Tim gerade auf so was scharf war, nervte ihn ziemlich. Alles Zukunftsmusik, hatte er abgewehrt. Doch Tim auf diese Weise loszuwerden, gelang nicht. Im Gegenteil: Der Junge verbiss sich in schnöde Technik und setzte ihm neuerlich zu.
Es geht um den Impuls, Opa ...!
Impuls, Impuls ..., hatte Robert wiederholt, doch nichts musste deutlicher aus seinen Augen gesprochen haben als Halbwissen – als die Tatsache, dass er mit eben diesen Dingen nicht vertraut war .... Nicht mehr vertraut war, korrigierte Robert im Unterbewusstsein. Doch was half das?
Er hatte ganz einfach – quasi ohne Ankündigung – ein Defizit. Alles, was *Impulse* betraf, schien im Nebel. Ein dümmliches Kopfnicken war ihm geblieben, etwas, das Tim eher unwillig stimmte.
Die Erkenntnis war bitter, wenngleich nicht einschneidend. Sicher hatte er in seinem Job andere Fragen zu beantworten, und ein Spezialist mutierte nun mal – ob er wollte oder nicht – zum Fachidioten.
Dennoch: Niemand gab es zu. Irgendwie, vor allem in solchen Dialogen, wollte man weiter am Ball sein. Und es verbot sich geradezu, auf ferne Schulzeiten zu verweisen. Was ein *Impuls* war, wusste schließlich jeder Schüler ... und Allgemeinbildung: Bei wem, wenn nicht bei *ihm*, sollte man sie erwarten?

Erneut stieß Robert auf den Alptraum. Sie hatten eine Prüfung von ihm gefordert, eine Physikprüfung, wie er wusste.

Die war ihm als Student, aus welchem Grunde auch immer, gestundet worden. Jetzt aber, in reifem Alter, sollte er sie nachholen. Doch immer, wenn er seine Bereitschaft signalisierte, lief etwas quer – war verpasst oder verschlafen worden. Zumeist war er zum Test nicht angemeldet. Mit der Folge, dass ein neuer, ein weiterer und schließlich ein zusätzlich anberaumter Termin platzte.

Hinzukam, dass er völlig unwissend war, die Materie nicht kannte oder besser gesagt, nur einen winzigen Ausschnitt beherrschte. Fürwahr, es gab überhaupt nur ein einziges unscheinbares Kapitel, bei dem er sich auskannte: *die Hostale Perm.*

Robert hatte sich oft gewundert, dass ihm diese Worte im Gedächtnis blieben. *Hostale was ..?* fragte er sich jedesmal, wenn er aus dem Schlaf aufschreckte, und promt kam das spröde *... Perm.*

Ein wenig schmeichelte ihn seine Gedächtnisleistung. Im Traum jedoch blieb nur wenig Raum, sie auch auszuspielen. Er musste den Examinator auf genau *dieses* Thema bringen, und eben *da* lag die Schwierigkeit.

Roberts Grübeln über den Alptraum schien sinnlos. Gab es doch keine Chance, am Tage erdachte Tricks auf den Traum anzuwenden. Schlimmer war, dass er auch im *wachen* Zustand versagte.

Wieder war der Felsbrocken da, wieder die Impulse. *Was, wenn er schon jetzt – also ohne die bestandene Prüfung - alzheimerte? Nicht auszudenken!*

Robert Mößgen mischte Traum und Wirklichkeit. Er verlor sich in Scheinbarkeiten, obwohl es nottat, zu sortieren. Nervtötend war die Frage, was er *überhaupt* beherrsche. Ob denn das, was er zur Zeit tue oder darstelle, nicht völlig unzureichend, ja verhängnisvoll mager sei. *Nein, nein ...!* antwortete er schnell. *Das ... wohl nicht ...*

Schließlich war er mit der Kernfusion beschäftigt. Zwar nicht mit den inneren Abläufen, wohl aber mit Versorgungsaufgaben. Und so, wie er Wasser, Luft und Edelgase zum Zeitpunkt X an die Stelle Y brachte, hatte das immer auch mit *nuklear* zu tun. In seinem Umfeld entstanden monatlich neue Welten, an denen er Anteil hatte. Ständig konnte er irgendwo – *ja was heiße denn irgendwo?* – natürlich an *maßgeblicher* Stelle, seinen Anteil markieren. Die Frage aber, ob er sich inmitten der Kerne *von der Wissenschaft an sich* entfernt hatte, ließ er nicht zu. Besser gesagt: Er sträubte sich einfach. Mit solcherlei Abwiegelung indes konnte Robert die Probleme nicht lösen. Im Gegenteil: Er würde sie nur verschärfen.

Es hatte erneut geschleimt. Der silbrige Glibber stand schmierig vor der Treppe, die herunter zum Weg führte. Robert zögerte, den festen Stein zu verlassen. Er wusste, dass er knöcheltief einsinken würde, wenn er die schmale Abdeckung verfehlte. Doch er traf sie zielsicher und gelangte so auf die Mitte der Straße. Dort aber hatte sich das glitschige Band scheitelartig in zwei Hälften geteilt. Es glänzte und erinnerte an Staudingers Schädel.
Als Robert die Newtonstraße erreichte, lag die Altstadt bereits im Dunkel. Auch hier war der Schleim unübersehbar, ja er schien tiefer als zu Beginn der Wegstrecke. Robert humpelte fädenziehend auf die Nummer sechs zu. Dort genau zwischen den steinernen Zopfbögen mussten sie sitzen.
Geschlossen, schrie der Pförtner, kaum dass er Robert erblickte – schrie es abweisend und knallte die Tür zu. *Nicht doch*, wehrte der Ausgeschlossene ab, *ich bin angemeldet!*
Bei diesen Worten war leichter Wind aufgekommen. Dieser schlug schnell in einen heftigen Sturm um. Er zerrte Robert wie von Geisterhand in die Luft, schüttelte ihn und schob ihn unsacht zunächst über die Mauer und dann über die Häuserdächer. Anschließend ging es abrupt abwärts.
Noch benommen vom Aufprall bemerkte Robert einen hellen Lichtschein. Er kam aus einem Haus, dessen Inneres voll im Licht stand. Robert, der sich vorsichtig näherte, erschrak. Denn vor dem Gebäude sah er Leute, die aufgeregt hin und her sprangen. Warum sie es taten, wusste er nicht. Erst als aus Tür und Fenster ein Megaphon tönte, begriff er: die erzwungene Vereinnahmung.
Hineinstoßen, quäkte es hohl, *viel schneller hineinstoßen …!*

Robert war entsetzt. Und wie er so dastand und die schwarzen Gestalten erblickte, wurde ihm kalt. Tatsächlich lauerten zwischen den Umherirrenden die Greifer. Leute, die sich in Türnähe postiert hatten und andere vor sich her stießen.
Instinktiv hasste er die behandschuhten Hände, die nun auch nach ihm griffen, verfluchte die Füße, die nach ihm traten. Doch der Widerstand war umsonst. Und so wie man jeden vor ihm in das gleißende Licht gezerrt hatte, stand auch er jetzt – mitten in einem Saal.
War es ein Bewährungstest, war es ein Strafgericht?
Müller! brüllte jemand mit metallischer Stimme und *Peters ...!*
Die Schar der Umherstehenden wogte.
Robert, der sich etwas an die Helligkeit gewöhnt hatte, stutzte. Irgendwie kam ihm der Raum bekannt vor. Leicht vorgebeugt, sah er denn auch vertraute Gestalten: seinen Kumpel *Knorr* etwa und, Gott sei's getrommelt, auch *Offenburg.*
Schadenfreude über kam ihn, denn Offenburg, sein Chef, war ein Trottel. Ihn hier drangsaliert zu wissen, tat gut. Was aber, wenn letzten Endes nicht *Offenburg,* sondern er, *Robert Mößgen,* gemaßregelt wurde? Der Gedanke war düster, doch er hatte keine Zeit, ihm nachzuhängen.
Wie auf Zuruf war es im Saal still geworden, und in eben diese Stille hinein platzte die Prozession: Sechs Professoren, allen voran Staudinger, durchmaßen den Raum. Jeder von ihnen verbeugte sich kurz vor dem Saaldiener und hustete. Dann aber – quasi aus dem Nichts heraus – wurden Losungen in den Raum gerufen, Worte, die Robert wie Steinwürfe vorkamen.
Impuls zwo, tönte es plötzlich, und Robert wusste, dass Staudinger am Werk war. Der Alte schnaufte und dehnte die Worte ins Unermessliche: *IIIIImpuuuuuls ... zwoooooooooo ..!!!!!*
Dazu sprang er durch die Reihen und schlug den Nahestehenden auf Hände und Arme.
Aufgepasst! schrie er dabei und ... *Dummkopf!*
Die Angesprochenen – es mussten in der Tat Prüflinge sein – gaben nur ein Murmeln von sich. Dann unvermittelt trat Ruhe ein. Jeder schien jetzt gespannt auf die Frage zu warten. Von ihr allein musste abhängen, wer durchkam. Robert war sicher, dass diese

Frage von Staudinger stammte. Die anderen Prüfer hatten sie zweifellos abgesegnet. Und in eben dieser Einhelligkeit stürmten auch sie jetzt nach vorn, gestikulierten oberhalb ihrer Zettel und raunzten. Schließlich nickten sie heftig mit den Köpfen.
Offenburg, rief der Saaldiener.
Robert erschrak.
Natürlich wurde Offenburg aufgerufen. Er, der sonst jeder Unannehmlichkeit auswich, sollte ans Stehpult. Ausgerechnet er musste den Zettel verlesen und folglich auch die Frage beantworten.
Die Verkündung, oder das, was hier ablaufen sollte, begann mit Grimassen – ganz sicher, weil Offenburg Angst hatte. Umständlich wendete er das Blatt, stellte es auf den Kopf und blickte ungläubig in die Runde. Dann aber holte er Luft und schaute direkt auf Robert: *Sie werden es nicht glauben, meine Damen und Herren, doch die Frage ist kurz und klar formuliert: Ist die* »Hostale Perm« *eine brauchbare Theorie, oder ist sie es nicht?*
Offenburg räusperte sich, doch bis er fortfuhr, verging nur ein winziger Augenblick:
Natürlich nicht, meine Herren! schrie er fast. *Dieses seltsame, von einem Traumtänzer erdachte Konstrukt ist reiner Schwachsinn!*
Reiner Schwachsinn? Robert glaubte seinen Ohren nicht zu trauen.
Offenburg indes fuhr unbeirrt fort: *und weil das so ist, schlage ich vor, dieses Thema künftig aus allen Lehrplänen zu streichen.*
Genau an dieser Stelle sprang Staudinger auf.
Ha, Ha ... kreischte er gellend, Sie sagen es. Mit diesem Thema muss endlich Schluss sein! Und damit, meine Herren, ... Punktum!
Kaum, dass dieser Ausruf verhallt waren, griff Staudinger sein Lineal, ließ es mehrfach wie ein Schwert durch die Luft kreisen, und die Masse wisperte: *Punktum!*

Verwirrung, Aufschrei und die Suche nach Blut. Aber Blut gab es nicht. Stattdessen ein bis zur Unkenntlichkeit zerknautschtes Laken und den schweißnassen Pyjama.
Wieder dieser Scheißtraum, stöhnte Robert, zog notdürftig die Unterlage zurecht und sank ins Kissen zurück.

Spätzünder

Fiktives, szenisches Drama

Nimm einen Menschen! Nimm einen, dem das Leben gleichgültig ist!
Gleichgültiges Leben, sinnloses Leben. Wer lebt es?
Nimm einen Fanatiker! Nimm einen, der bedenkenlos durchknallt!
Fanatisches Leben, sinnloses Leben. Wer lebt es?
Nimm einen Kranken! Nimm einen, der sterben muss!
Schmerzhaftes Leben, sinnloses Leben. Wer lebt es?
Viele leben vieles. Viele klopfen, schleichen um Deine Tür und fordern: Nimm mich!
Aber nimm nicht sie! Nimm niemals jene, die sich anbieten!
Nimm einen, den du sorgfältig auswählst. Schmelze ihn, presse ihn, forme ihn!

Irgendwo hat er sich verborgen gehalten, hat griesigen Ausschlag mit Puder grieslos gemacht, hat es fleischfarben schimmern lassen. Fleischfarben morgens, fleischfarben, wenn er abends ins Bett stieg.
Die Frau hat er fortgewiesen. Jammernd hat er sie abtanzen lassen und die Tür geschmissen. Dummes Weib, liebloses Weib, Schrei, den er dämpfen müsste. Aber Lewis dämpft nicht, braucht selber etwas, dass ihn dämpfen könnte.
Fixe Idee vom Attentat. Ihm kam sie, wie Ideen manchmal kommen: Niemand merkt es und plötzlich sind sie da.
Ganz anders: die Krankheit.
Lewis hat sie wachsen gesehen. Zug um Zug hat er Fäulnis gezüchtet. Selbststudien waren möglich. Ein Blick in alte Schwarten gab ihm Klarheit: Diagnose *Lepra*.
Er wird Handschuhe tragen, Handschuhe, die Unansehnliches abdecken. Er wird aufgeben müssen, es widerwärtig zu finden: Handschuhe beim Essen, Handschuhe beim Einkaufen, Handschuhe, wenn er unter Leuten ist.

Aber siehe: Wenig später wird er fertig damit, trägt Handschuhe und übt das Fortsein. Einmal gestern, einmal heute den Weg – Abschied von dem.
Dein Zimmer heißt Bretterbude, Haus, dessen Treppen frei ab in der Luft hängen, Haus irgendwo, wo Häuser Buden sind.
Der Kranke lässt VILLA AM HÜGEL hinter sich. Nachts, kofferschleppend, radiozerrend, sieht ihn keiner. Ein Zettel bleibt zurück, unscheinbarer, kleiner Zettel am Geländer: *Lewis ist verreist, Lewis wird eine Weile wegbleiben.*
Die Frau findet den Zettel. Im Mantel mag sie dastehen, verwundert das Stück Papier vor die Augen halten. *Lewis verreist?*
Schütteres Lachen, unscheinbares Schütteln mit dem Kopf, der halbe Schritt zum Hörer, den sie greifen müsste, wenn sie wollte. Doch sie will nicht. *Nicht Polizeirevier, nicht Rettungsdienst ... fixe Idee.*

Robert Lewis hat es wahr gemacht. Er hat die Dachkammer aufgesucht, aus verstreut umher liegenden Brettern Stuhl und Liege gezimmert und erste Kontakte zu Spinnen und Mardern hergestellt.
Abends wirft er einen Blick ins Adressbuch, sucht Schuladressen, Schulkameraden, schließlich Studienkollegen. Einer von ihnen ist Vanderderbildt.
Vanderbildt ist klein und undeutlich, ein Mann, mürrisch mit runden Augen, mit Sicherheit kneipenerfahren, Stammtischsitzer.
Auch Lewis hat Kneipen durchstöbert, auch er hat es fließen lassen, literweise, meerweise, auch er hat Bierträchtiges durchmachen dürfen. Nach sechs Semestern gescheitert.
Aber dann Vanderbildt, Vanderbildt, der für alles Sinn hatte. Vanderbildt, damals gar nicht mürrisch, vielmehr Seelentröster und Schulterklopfer, kleiner Mann mit der Werbetrommel:
Willst du nicht?
Damals nicht.
Heute wird er ihn aufsuchen.

Vanderbildt ist im Suff.
„Willst du noch ..?" fragt der Kranke.
„Aber Lewis, nicht so eilig, komm' erst mal, mach erst mal ... hier die Pulle!"
Lewis kommt und macht, setzt sich auf den breiten Sessel und will erneut.
„Immer mit der Ruhe, Lewis, komm und trink! Wie geht es dir denn?"
Lewis lässt es sich gut gehen, Lewis lässt es sich schlecht gehen. Er spürt, dass es Zeit braucht. So kommt er auf Lincoln-Street, macht Ausflüge in Gemüsebeete, lässt Kleinkarnickel lustige Luftsprünge machen, spricht schließlich davon, dass Freiheit das Höchste, die Linken aber das Erbärmlichste seien.
Boddy Vanderbildt, empfänglich für Laues, nickt mit dem Kopf.
So kann Lewis weitermachen, so wird er Himbeersaft und Peitschenknall in eine Tüte stopfen.
Schon stopft er es, schon treibt er es. Lewis hält eine Rede.
Kein Zweifel: Er macht es sorgsam. Die Worte, die er auswählt, sind griffig. Vielfältig gleiten sie, mehrspurig bauen sie, knoten den Strick, an dem er, Vanderbildt, zotteln soll.
Vanderbildt, künftiger Zottler, grüngrauer Säufer, wo steckst du?
Vanderbildt hockt am Boden. Grünkotzig, grüngallig beißt er am Teppich, nagt und ist reif für den Ausbruch.
Lewis übt es, Lewis lockt es, reißt, weil es nottut, Himbersaftiges beiseite, macht, dass es knallt: „Nigger, verdammte!" schreit er, „Nigger und Kommunisten ..!"
„Nigger!" schreit auch Vanderbildt, schreit es und zerrt am Vorhang.
Schulterbreit kommt der abwärts, macht Hälse dick, wo Hälse lang sein könnten.
„Le-ee-wis", grunzt es aus dem Gewusel "Le-ee-wis, wir werden sie hängen ... "

Zuerst muss der Job klar sein. Lewis muss sich einbringen, muss ackern, um hinzugelangen, wo er hinmuss. Einfach wird das nicht, und er braucht Fürsprache. Für Vanderbildt kein

Problem, Vanderbildt nickt mehrfach, Vanderbildt macht das. Zwei Wochen Recherchen, zwei Monate auf Probe, und der Kranke darf hoffen. Er wird diverses Handwerkzeug sein eigen nennen: Haube und Kittel etwa, später die Maschinenpistole. Dann die Handgranaten, die streng unter Verschluss sind. Und wenn er gut ist, ... ein Maschinengewehr.

An die Handschuhe gewöhnt man sich. Er hat gelegentlich einen herabrutschen lassen. Entsetzte Gesichter gab es, abstandsuchende Hände, fast die Forderung, bei Menschen wie ihm, Nackthändigkeit zu verbieten.

Eines Tages wird er dem Boss vorgestellt. Grellweißklavernendüster baumeln die Spitzhüte.
„Lewis heißen Sie ..?"
„Jawohl, Lewis."
Der Kranke steht stockgleich, versucht die Knie aneinander zu pressen.
„Beruf ..?"
„Lehrer ... "
„Lehrer ..?"
Abgrundtiefe Pause und dann erneut: „Lehrer ..?"
Lewis sagt JA, sagt es ein weiteres Mal und wartet. Aber nichts kommt. Vorerst läuft ein Blatt um, gelb und groß, Fingerabdrücke sammelnd geht es von Mann zu Mann: *Es ist Zeit!*

Acht Wochen später steht Lewis im Park. Er hat einen Stock gegriffen und malt Striche in den Sand: Links zwei große Breitschultrige, rechts ein Kleiner und ein Großer. Sie haben MPIs. Dahinter Scharfschützen, auf beiden Seiten Maschinengewehre.
Die Außenreviere: leicht bewachsene Hügel mit Unterständen, dazu ein Platz, flach, etwa vierzig Meter im Quadrat.
Lewis hat wenig Gelegenheit, Skizzen zu entwerfen. Größere Treffen im Freien bleiben selten. Bis zum nächsten sind es drei Wochen.
Am Knie beginnt Fäulnis abzutropfen. Nachts häuft Lewis

Zellstoff auf die Schlafstelle, macht biegsam, was hart anstoßen könnte, begegnet unliebsamen Ausdünstungen mit Duftstoff getränkten Umschlägen. Tagsüber hockt er oben auf dem Holzschemel. Er schöpft Wasser aus dem Eimer. Ab und zu wäscht er ab, wechselt die Kleider.

Vanderbildt fragt: „Hast wohl Krach gehabt ..., hast die Alte sitzen gelassen ..?", feixt dabei, zündet vergnügt einen Stumpen an.
Lewis muss ihm Recht geben, hebt geringschätzig die Hand.
„Hängt mir zum Hals raus", sagt er, „hab' genug von der Scheiße ..!"
„Und die in der Schule ..?"
Vanderbildt saugt, lässt es blau in die Lungen fahren, hat das Grinsen aufgegeben.
„Nicht doch, Boddy ..! knurrt Lewis , „musst sagen, wenn du schnüffeln sollst ..!"
„Gut", sagt Vanderbildt, greift seine Tasche und geht.

Am vierten Juli wird der Stellplatz bestätigt. Am vierten Juli stellt der Kranke Maschinengewehre gegen den Stellplatz. Eines gräbt er in den Hügel. Samt Kiste geht es abwärts. Ein Loch ist zu sehen: *Wühlmaus wäre denkbar.*
Fertig mit dem Graben, wird er fast gestellt. Ein Mann kommt auf ihn zu, fragt, was er treibe, sieht die aufgeworfene Erde, schaufelt in ihr. Doch Lewis hat vorgesorgt, hat schweres Kistengewehr mit toten Katzen bedeckt. Zweimal im Beutel, zweimal sandig und mit Blumen darum.
Der Fremde macht ein blödes Gesicht, blickt Lewis kurz an: „Warum gerade hier ..?"
Der Kranke zuckt die Schulter, murmelt, dass er Katzen, zuweilen auch Hunde, immer begrabe. Dass er das hier tue, sei reiner Zufall ...
Ausrede gut, Ausrede schlecht. Hochbeinig stelzt der Fremde, lässt Lewis hockend vor dem Sandhaufen.
Die Katzen gehen wie sie kamen. Neu gerichtet und Füllwerk darüber.
Das andere MG macht Scheunen unsicher. Es ragt aus dem

Loch, das Lewis zwischen den Ziegeln freilegte. Eine gute Waffe. Oben auf dem Dachboden hat er sie aufgestellt und auf Empfang programmiert. Ein Sender mag es einrichten, dass Müßiggang in lustiges Knattern umschlägt. Lewis hat die Antenne verschraubt, hat Sender und Empfänger geschärft.
Es wird Zeit, dass es Abend wird.
Unruhig steigt er herab, lässt Zeitrelais, lässt Schwenkautomatik, klopft das Heu von den Schenkeln.
Am liebsten täte er es gleich ...

Letzte Bilanz. Lewis bilanziert, obwohl die Sonne schwer auf die Dachpappe brennt. Er geht auf Sicherheit, möchte vermeiden, dass Fahrlässigkeit eine Sache vereitelt, überrechnet das Ganze noch mal.
Knopfdruck: Auslösen und dann Schwenken. Einmal, zweimal. Hurtig fliegen sie, Sensenmänner, kuglige, machen nieder, was dasteht, sind gnadenlos.
Ätzend fährt Schweiß ins Auge. Lewis wischt ihn weg, nimmt, weil die Wunde brennt, seinen Tupfer.
Da liegen sie jetzt ...
Liegen und alles ist unklar.
Lewis will, dass trotzdem Rückhalt aufkommt, will, dass es besser wird. Aber wie macht er es besser?
Minuten des Grübelns. Minuten, die vergessen machen, dass es wässrig am Fuß herabsickert.
Ist er ein Sonderfall?
Hat er Hoffnung, ein solcher zu sein? Warum haben das andere nicht versucht?
Mord – eine Rache, die fällig ist oder ... Mord, sanktioniert durch edle Motive ...
Lewis bastelt. Er hofft die Dürftigkeit, das Blutrünstige, auszutilgen, sieht die Umwertung aller Werte. Hierbei stöhnt er, zieht die Beine noch enger an den Körper.
Wenn er etwas wegkäme von Mord, wenn er Abstand gewinnen könnte von überkommenen Vorstellungen. Er wäre sicherer gegen Vorbehalte.

Doch nichts dergleichen. Lewis wird einsamen Aufzug üben, wird Risiko und Fragwürdigkeit des Sonderlings auf sich nehmen müssen.
Wie aber beruhigt er sein Gewissen, wie stürzt er diesen Rest von ICHWILLNICHT?
Lewis war in Bibliotheken, hat Archive auf den Kopf gestellt, ist vor braunen Tischen auf einschlägige Titel gestoßen: *Der individuelle Terror, Mord als Alternative zum aussichtlosen Protest oder ... wie töte ich maßvoll?* Er hatte im Grunde nichts gefunden, was dem, was er vorhatte, irgendwie gleichgekommen wäre.
War von Terroristen die Rede, hatte er stets abgewinkt. Zweifellos in der Hoffnung, auf vertretbare Motive zu treffen, auf dieses ganz bestimmte Maß an Ethik, das ihm wichtig schien.
Irrtum. Nichts dergleichen. Immerfort ein aussichtsloses, kurzsichtiges Prügeln, ein Aufpeitschen ohne Verstand: Bombenwerfer, Pistolenschützen für Verrückte, die anderswo in Sesseln hockten. *Sollten sie hocken. Sollten sie weiter die Narren spielen. Bei ihm nicht!*
Lewis nimmt die Handgranaten, wiegt sie in den Händen, möchte sie gegen die Wand schleudern. *Dummköpfe*, knurrt er, schlendert zur Bretterwand und bückt sich. Eine Kiste steht dort, auch der Umhang ist darin. Er streift ihn über, findet, dass das Ganze schlecht sitzt, macht kleine, unbeholfene Sprünge. Schließlich nimmt er die Granaten, schiebt sie in die Taschen, fühlt, wie sie Ungerades zurechtrücken.
Hinten liegt der Sender. Nein, er benutzt kein Handy. Handys werden zu Beginn eines jeden Treffens eingezogen. Nein, kein Handy! Lewis hat diesen Sender. Er wickelt ihn aus und baut ihn ins Hosenbein. Ein Schlitz ist nötig, die Kompresse, zwei dünne Kabel und Halteschnüre.
Lewis kann es einrichten, dass ein Pressen in Kniehöhe den Kontakt gibt. Er probiert es mit den LEDs: nichts einfacher als das.
Noch einmal den Sender, noch einmal die Taste prüfen! In fünf Stunden ist es soweit.

Neuer Gedanke: *Abblasen, Täuschung, Platzwechsel, alles umsonst ... Was wäre, wenn ...?*
Er wird sich hüten müssen. Ein zweites Mal gibt es nicht. Noch einmal den Sender, noch einmal das Frequenz-Tracking. Leises Surren.

So ein Ding kann hundert Menschen killen.
Was wird danach?
Man wird hundert Leichen finden. Polizei wird die Straßen abriegeln, wird Ausgehverbote verhängen, man wird die Nationalgarde alarmieren.
Ein Leichtes wird es sein, die Maschinengewehre zu finden. Mit dem Mörder wird es schwieriger. Der Mörder ist tot, hat es abgepasst und abgedrückt, abgedrückt inmitten derer, die jetzt neben ihm liegen. Zuvor war er – wie konnte es anders sein – weit nach vorn gegangen, hatte krampfhaft einen Wortwechsel arrangiert und rückwärtsblickend die Position ausgemacht. Dann ein Tastendruck – unscheinbar und formlos zwischen den Knien.
MörderLewis, SelbstmörderLewis!
Der Mörder, die Mörder, alle jene Mörder, alle, die auch plünderten, Geschäfte in Brand steckten, alle Brandstifter, Gewaltverbrecher, Nigger!
Fixe Idee, umwerfend, weil sie nicht durchdacht war: Lewis liegt bei den Leichen. Wer wird den Sender finden?
Lass sie ihn finden. *Verdammt, Lewis, wer wird sagen, dass ..?*
Lewis ist schweißgebadet.
Wie hat er es vergessen können?

Der Kranke braucht Briefe. Plötzlich braucht Lewis Briefe. Fünfhundert müssen es sein, fünfhundert und nicht weniger.
Woher nehmen?
Er hat eine Schreibmaschine. Gottlob eine kleine, leicht zu tragende. Und er hat Papier.
Aber die Zeit. Er hat nur fünf Stunden. Fünfhundert durch fünf. Hundert durch sechzig. Unmöglich! Ein Zehntel vielleicht, vielleicht vierzig.
Und die Adressen?

Wie hätte er fünfhundert Briefe adressieren sollen?
Gleichwie: vierzig machen es leichter. Aber ... wohin schicken?
Zweimal Polizei, zweimal Bundesgericht, dreimal Presse, achtmal Gewerkschaften, fünfmal Hochschulen, zweimal Journalistenverband, viermal Schriftstellerverband, einmal Gouverneur, zweimal Katholiken, zweimal Protestanten, fünfmal Bürgerrechtsbewegung, einmal Versicherung, einmal Arzt.
Wie viele bleiben noch?
Lewis zählt. Er macht mit dem Bleistift Striche, reiht sie auf zu Zahlenkolonnen: Dreiunddreißig, fünfunddreißig, achtunddreißig ... Bleiben zwei. Einen wird er hierlassen müssen, eingeklemmt zwischen Tischplatte und Budenbrett.
Und der letzte?
Sekundenschnelles fragestellendes Überlegen. Kaum merklich und ohne, dass er es will, brechen Tränen aus.
Margret, Harry, Cliff, Elizabeth: Brief, der sich teilen muss.
Er schreibt es abseits auf den Rand: *auch Lincoln Street* ...

Der Kranke arbeitet viereinhalb Stunden. Als er fertig ist, merkt er, dass BriefUmschläge fehlen. Er läuft hinaus in die Stadt. Ein Mann im Kiosk verkauft diese Umschläge, schüttelt den Kopf, als Lewis zehn Dollar dalässt.
Der Kranke ist außer sich. Er wird die Adressen schreiben müssen. *Aber welche Adressen?*
Und die Zeit? Er hat die Zeit anders geplant.
Wahllos zerrt er die Briefe aus dem Stapel, füllt sie ein in die grünen Hüllen. Auf einige schreibt er Bleistiftnamen, andere wandern unbeachtet in die Rocktasche.
Welchen Sinn hat das Ganze?
Die Frage kehrt wieder, drückt den, der eilig fortmüsste, auf den Schemel zurück.
Hat es Sinn?
Es wäre deprimierend, jetzt zu wissen, dass es keinen habe.
Aber zweifellos hat es Sinn.
Sinn, Sinn, Sinn ..!
Hundert weniger. Hundert ..?
Verdammt die toten Winkel!

Lewis erschrickt. Er hat die toten Winkel vergessen. *Tote Winkel sind fatal. Und dann die Krankenhäuser. Es ist seltsam, Krankenhäuser fatal zu finden. Es ist wie im Krieg, tatsächlich wie damals.*
Der Kranke ist irritiert. Ein Versuch zu lächeln misslingt. Er baut Krankenhäuser, lässt Blaulicht flackernde Krankenwagen ihren Kurs nehmen und möchte lächeln. Lächeln erleichtert, Lächeln hilft über Barrieren. Aber diesmal geht es nicht.
Also: *fünfzig tot. Bei Aufklärung des wirklichen Tatbestandes, des wirklichen ...*
Ja, das wenigstens scheint sicher. Die wichtigsten Schreiben hat er adressiert, unterschrieben hat er sie ebenfalls. Und fälschen ...? Wer würde sie fälschen wollen?
Immerhin eine Möglichkeit.
Man wird es abstreiten, dass er, man wird nach Anwälten fragen, wird freimütig bekennen, dass Mord – geschrieben mag stehen: solch ein Mord – begutachtet und bestätigt sein müsse.
Ein Zweifel?
Nein, kein Zweifel!
Lewis wischt ihn weg. Er zieht den Rock nach und fühlt die Handgranaten. Im Schrank steht die MPI. Mechanisch greift er sie, steckt den Lauf in die Innentasche.
Warum eigentlich?
Er könnte direkt schießen. Er könnte es versuchen, wenn die Maschinengewehre versagen sollten, wenn er die Handgranaten aus irgendeinem Grund nicht würde werfen können. Doch der Gedanke ängstigt ihn. Er hält nichts davon. Irgendetwas zuckt, bringt Ekel hervor.
Nur das nicht!
Die Granaten ja, die warf er fort, ließ sie zwanzig Meter weiter krepieren. Er musste nicht hinsehen. Blutspritzer waren unwahrscheinlich, und die Distanz machte, dass sich wenig im Kopf festsetzte. Ja, ja, der Abstand: Überall schickten sie Drohnen, ferngelenkte Raketen, es gab Bomber, die ihre Last einfach so abkippten. Keiner, der solches befahl, war dort, wo das ein- und aufschlug.

Hier aber konnte alles anders ablaufen. Ein Fehler, und er war mittendrin. Bestenfalls der Schütze, bestenfalls der Mörder im Dicht-bei-dicht-Erschießungskommando. Scheiße, es war alles so furchtbare Scheiße!
Abwärts den Kopf. Der Kranke macht, dass er hilflos zwischen den Knien baumelt. Einmal die Runde zwischen Bauch und Hosenbein, einmaliges nutzloses Hin und Her. Dann ein Brennen, ein letztes wildes Aufbegehren. Hände gegen die Ohren, Augen auf die Tischplatte.
Es muss!
Fünfzig also. Eine ganze Menge, zweifellos eine Scharte, die sie schwächen wird ...
Fünfzig nur, nicht hundert, nicht alles, nicht, was er ursprünglich erhofft hatte.
Lewis sieht es. Er sperrt sich davor, doch er kann nicht umhin: *Ein Haufen Leichen, nun ja: jetzt ein halber Haufen, Hunderte, die glauben werden:*
Die waren es, die verdammten Nigger! In zwei Monaten haben sie fünf Warenhäuser in die Luft gejagt, Rubys Bar haben sie geplündert! Man sollte sie lynchen, die Schweine!
Lewis sieht es zeilenweise vorüberfliegen, grobe, abgerissene Sätze, daneben: aufgesperrte Münder.
Kaum Zeit sich zu besinnen, kaum Zeit zum Nachdenken. Schon ist es übergestülpt, schon sitzt es tief im Genick: Strickpot, Zipfelmütze, Eiapopeiabehältnis, einlullendes.
Furchtbar der Weg dagegen, halsbrecherisch, zum Amoklauf treibend. Weg, von dem Lewis glaubt, Bürgerrechtler umstünden ihn.
Auf unabhängige Zeitungen ist er verfallen, auf Studenten, auch auf Schriftsteller und sonst welche Künstler. Den zweifelhaften Mut eines Einzelnen hat er vor die Aktion vieler gestellt. Lewis hat auf Masse verzichten wollen. Sie war ihm anrüchig, die Masse: eine Herde von synchron schreienden Menschen, die nicht wussten, was Sache war.
Er wird auch heute nicht flehen wollen. Verständigung müsste über Plattheiten führen. Plattheiten hasst er und Zeit hat er nicht.
Was nun? Was wird, wenn nur einige elende Volksverräter,

Miesmacher, Plünderer ..? Was wird, wenn sie sagen, dass nur Pack so blindwütig vor sich hin schieße?
Nichts wird!
Tatsächlich müssten es viele sein.
Plötzlich glaubt Lewis, dass es viele sein müssten, viele, die den Klux aus-ixen, viele, von denen man wissen würde, dass sie endlich Schluss machen wollten.
Aber wer beschafft viele, wenn viele nicht gefragt wurden?
Lewis blickt bitter um sich. Beutelschwer hängen die Taschen des Umhangs, fledermausgleich irren die Hände. Viel fehlt nicht und sie zerren Wankelmütiges herab zu Wassereimer und Rattenloch.
Rumms, da geschieht es!
Dumpf schlägt es, handgranatenschwer stürzt es ihn auf den Fußboden: Lewis in Froschperspektive, Lewis, klein wie ein Sandkorn.
Wassereimer schwappt! Volkverräter verratet euch! Rattenlöcher tut euch auf! Hört, wie es trommelt! Hört, wie es Fäuste schwer auf die Bohlen schlägt!
Ein Kranker schlägt: Attentäter, dem Attentate abhandenkommen. Hemmungslos poltert er, hemmungslos reißt Lewis Bretter, jagt sie empor und macht Kleinholz.
Lepra, schreit er dabei, *diese elende, gottverdammte*

Lepra!

(1968)

Tod eines Liftboys

Sie war
wie der Mond
und schön
und weiß
war ihr Antlitz
und ungewohnt rein
wie der Schein des Lichts.

Und sie wusste nichts
von Bill
und ihr Blick
traf ihn nie,
und Bill
liebte sie.

Sein Haus
war ein Stall
und es war
nicht sein Fall,
zu fragen,
ob ein Stall
ihm gebührte,
ob der Job
ihn genierte,
und er frage
auch nicht
nach dem weißen Gesicht
der Frau,
die er suchte
und die ihn verfluchte.

Doch er schaute sie an,
wenn sie kam
und stand,
six Cent in der Hand.
Ja, er mochte gaffen
im Vergleich
zu den Laffen,
die sie
häufig umschwärmten
und die Brüste
ihr wärmten.

Er verstand
sie nicht,
nahm diesmal
die Hand,
ihr fahles Gesicht,
das im Lift
so vereist war,
das wieder
so dreist war.
Er vernahm
ihren Hauch
und er spürte
es auch,
wie sie stieß
und ihn ließ,
ihre Augen
ihn fassten
und
doch nur hassten.

Es erschreckte
ihn tief,
dass sie lauthals rief,
dass sie Jimmy wollte,
dass Jimmy
sie retten sollte,
der,
den sie sonst
nur verlachte,
der ihr
Unglück brachte,
der sie nachtwärts trieb
und nicht
bei ihr blieb.

Sie fiel wie in Sand
und er zog ihre Hand
in ein Tal von Schweiß,
und es kam ihm heiß.
Ja, er sprach
wie ein Tier,
und er sagte
es ihr,
dass nur er
sie liebe,
dass er
bei ihr bliebe
wie es hier sich trifft.
Doch da
stockte der Lift.

Und er
hilft ihr hinauf,
doch sie
schluchzt und weint,
stößt um sich
und ruft,
dass es
jämmerlich scheint.

Ja, es wird
zum Skandal
und man droht
und schreit.
Und Bill,
er sieht
keine Hilfe weit.
Und er nimmt
ein Messer
und reißt es empor.
Doch es
wird ihm entrissen
wie die Traumwelt zuvor.

Es war
furchtbar heiß und
ein riesiger Kreis
von Männern
umstand ihn
und band ihn,
und Peitschen schlugen
und Stricke gruben
Wunden in ihn,
und er wurde
angespien.

Auch ein Kreuz war,
es brannte
und er erkannte
Gesichter
und fernab Lichter.
Er sah auch Jim Walker,
doch der blieb nur
bis acht.
Er musste ins Office
– bis Mitternacht.

Er hieß
Black Bill
und es war
ganz still,
auch unweit
vom Kreuz,
und es war
ohne Reiz,
dass er tot war,
da niemand
dort ging
und es
hoch war,
wo er hing.

(1967)

Anmerkungen 3

Das Schicksal hing am seidenen Faden. Hätte Preußen nicht dreimal Glück gehabt, wir wären heute vielleicht Österreicher.
Am 16. Oktober 1756 kapitulierte die sächsisch-polnische Armee vor den Preußen nur deshalb, weil eine Grippe ihre Soldaten dahinraffte.
Am 12. August 1759 wurde der preußische König nur deshalb nicht durchlöchert, weil seine Tabakdose zur rechten Zeit am rechten Ort war.
Am 24.April 1762 zog der gerade auf den Thron gelangte PreußenBewunderer Peter III. die russischen Truppen aus dem Siebenjährigen Krieg ab und verhinderte so Preußens Untergang.

Pius-Brüder, Evangelikale, Scientologen, Wachtürmer, Tugendwächter, Talibane, Salafisten, Zionisten, Faschisten, Stalinisten, Maoisten, Missionare, schlagende Verbindungen, Jonges, Bilderberger, Black Rock, Seeheimer Kreise. Sie alle schnell in die Mülltonne und ... Deckel drauf!

Was passiert mit dir, wenn du die Macht hast. Bist du nicht nur deshalb so menschenfreundlich, weil du nichts zu sagen hast?

Große Teile der Geschichtsschreibung sind Lügengewebe, gesponnen von den Schriftkundigen aller Zeiten – im Auftrag der Sieger ...

Diejenigen, die meinen, dass der Krieg den Menschen reinige, ihn festige und zur Persönlichkeit mache, all diejenigen, die die Stahlgewitter als Vater aller Dinge verstehen und die Sortierfrage *Haben Sie gedient?* stellen, genau *die* sollte man immer mal abschießen.

Reminiszenzen

1945 – 1958: Erste Heimat

Bomben über Bomben und dann gespenstige Ruhe. Der Heinkel-Flugplatz war platt. Irgendwo stieg noch Rauch auf. Aber das gab sich. Sehr bald stoben wir los und suchten. Wir gingen damals nicht auf Blindgänger, waren aber scharf auf die roten, grünen und blauen SprengNieten – die Überbleibsel von ungebauten Flügeln oder Heckklappen. Die Dinger konnte man mit dem Hammer gut zum Knallen bringen. Werner hat versucht, das Pulver aus den größeren Nieten herauszuschütteln. Um uns in Lautstärke zu übertreffen. Aber das lohnte sich nicht. Und so blieb auch die Hand dran.

Bomben über Bomben. Einige davon waren am Havelufer runtergekommen. Sie hatten die ohnehin feuchten, parallel zum Fluss befindlichen Grundstücke in große Tümpel verwandelt, Tümpel, die schnell vollliefen und irgendwann von Molchen besiedelt wurden. Vor allem die bunten Männchen hatten es uns angetan. Wir haben sie herausgefischt und ins Aquarium gesteckt. Zu deren Verdruss. Denn dort krepierten sie schnell.

Bomben über Bomben. Richtige Trichter gab es dort, wo der Boden trocken und fest war. Sie waren kegelförmig, die Trichter, mit der Spitze nach unten. Alle Leute, die im Umkreis wohnten, haben dort jahrelang Müll entsorgt. Und das, obwohl der Sand so wunderbar weiß und jungfräulich ausgeschaut hatte. Ich erinnere mich noch, wie wir dastanden und im Dreck wühlten. Zahnpasta- und halbvolle Schminketuben. Irgend so ein weißes oder rosafarbenes Zeug, das auf den Boden tropfte, sobald man kräftig zudrückte.
Ende der 50er Jahre hatte sich das Ganze gründlich gewandelt. Wieder ein Kegel. Nun aber andersherum – mit der ekligen Müllspitze nach oben.

Ja und dann fast zeitgleich: das Müllersche Haus im Forstring. Es hatte jahrelang mit einer LuftMine im Verbund vor sich hingedämmert. Als die Säure durch war, flog es – einfach so – in die Luft. Waren es die Briten, waren es die Amis, die brutal nachharkten? Keine Ahnung. Wichtig schien nur, dass es niemanden erwischt hatte. Manchmal sind Spätfolgen gnädig.

Bomben über Bomben. Die meisten gingen über dem benachbarten Oranienburg nieder. Wegen der Gaswagen für die KZs, wegen der Forschung für die Atombombe und wegen der Jagdflugzeuge von Heinkel. Keine Ahnung, wo die Nazis Thorium und Uran für die Bombe gelagert hatten und wo das schließlich hinstob, als die Bomben fielen. Das meiste habe sich über die Auer-Werke verbreitet, hieß es. Auch, dass Oranienburg zu einer der am meisten verstrahlten Städte Deutschlands avancierte.

Was sich heute wo und in welcher Konzentration befindet, ist offenbar unklar. Ab und zu hört man, dass das Zeug unter Parkplätzen lauere – mehrfach verschüttet und überasphaltiert. Auch ein Getränkemarkt sei betroffen, sagte man später. Was die Geigerzähler andernorts preisgeben, ist unbekannt. Ich glaube, dass die StadtOffiziellen den Deckel zuhalten. Und so auch erhöhte Krebsraten unter Verschluss bleiben. Käme es heutzutage zum Knall, man würde sicher die gesamte Region absperren. Das Radioaktive müssen die Russen damals entweder nicht gecheckt oder aber für unwichtig erachtet haben. Anders die unmittelbar von den Einschlägen betroffenen „Forscher". Ihnen darf man zutrauen, dass sie sich rechtzeitig und wortlos vom Acker gemacht haben.

Die im Krieg zerstörte Havelbrücke, die Lehnitz mit Oranienburg verbindet, blieb bis in die 50er Jahre ein eisernes Wrack. Ich erinnere mich noch: Leute aus unserer Ortschaft, die nach Oranienburg wollten, mussten – ob mit Fahrrad oder ohne – in einen schmalen Kahn steigen, zahlten ihren Obolus fürs Übersetzen und landeten wenig später am gegenüberliegenden Ufer. Ein Mordsspaß auch für uns Jugendliche. Denn der Kahn geriet häufig ins Schlingern, was ältere Damen immer aufschreien ließ.

Hinter der Brücke befand sich bis in die späten 70er Jahre das Rußwerk. Es schleuderte so viel Dreck in die Gegend, dass die Vegetation ringsum pechschwarz wurde. Die klebrigen Blätter fielen im Herbst belagschwer von den Bäumen. Sie trafen auf schon dunkle Ringe, die das ewige Drauf und Drüber hinterlassen hatte und klebten dort neuerlich. Im Frühjahr begann es dann wie immer: schwarz-grün und ausreichend für die erste Photosynthese. Anschließend erstickte das.
Wir Radfahrer fuhren Bögen, wenn das schmierige Etwas in Sicht kam. Ich weiß nicht, ob das Jemanden jemals gestört hat. Ob irgendwer den Mut gehabt hatte, die Umweltsünder anzuzeigen.

Ja, und dann das Bollwerk. Das seinen Namen offenbar einer einstigen Anlegestelle zu verdanken hatte. Ich habe da nie Schiffe gesehen, die dort Halt machten, geschweige denn Kähne, die be- oder entladen wurden. Was mich als Kind faszinierte, war der Ton, den wir am Ufer abbauen, zu Figuren formen und dann trocknen konnten. Ich habe dort meinen Freischwimmer gemacht. Aber was hieß das schon?
Bevor man lehnitzseitig an die große Schleuse gelangte, musste man den Strand und weiter hinten den Stintgraben überqueren. Letzterer führte vom Grabowsee kommend durch einen dunklen Eichenwald. Er lag nie trocken, der kleine Bach, und er brachte uns Stinte – die winzigen Fischlein. Die kamen ebenfalls in unsere Aquarien. Mit dem üblichen Ergebnis.
Man muss wissen, dass das Lehnitzer Nordgelände für vornehmer galt als das gegenüber der Bahn gelegene Südgelände. Das hatte damit zu tun, dass sich dort Gemeindeamt, die Post und fast alle Läden und Geschäfte befanden, dass dort die edleren Villen standen, dass es dort zwei renommierte Restaurants gegeben hatte, dass es dort ein Krankenhaus und schließlich die tolle Waldsiedlung gab. Letztere umfasste gut zwanzig einstöckige Häuser, die allesamt ähnlich aussahen, weil: immer derselbe Schnitt, immer die teuren gebrannten Ziegel und drinnen diese einzigartige geschwungene freitra-

gende Treppe. Nazis hatten diese Häuser für ihre Bonzen, dann auch für die FührungsClique des KZs Sachsenhausen errichten lassen.

Mich hat es immer gewundert, dass die Häuser, denen ja ein penetranter Geruch anhing, nach dem Krieg quasi übergangslos einer kommunistischen Elite angedient wurden. Und im Verbund als *Thälmannsiedlung* firmierten. Nun ja, da lebten auch verdienstvolle Leute – so der Schriftsteller Friedrich Wolf und ... Hans Pitra. Ersterer hatte Pech mit Sohn Markus, der Stellvertreter von Stasi-Chef Mielke wurde, und Glück mit Sohn Konrad, der es zum bedeutendsten Filmregisseur in der DDR brachte. Pitra war Regisseur am Berliner Metropoltheater, was Klassenlehrer Kern, der neben uns auch Pitras Sohn unterrichtete, zu ständigem Spott animierte: Operette ... Igitt! Die Pitras machten sich wenig aus der Häme. Auch Sohn Christian ließ das gekonnt abprallen. Mehr noch: Er konnte eine Stange angeben und war trotzdem beliebt. Er war der Einzige in unserer Klasse, der eine Wildlederhose besaß und das auch auslebte. Immer, wenn er sich auf den Stuhl setzte, vermied er es, die Beine einzuknicken. Um Beulen zu vermeiden. Das gab einen Platziertanz der besonderen Art. Abstützen und Sichgleitenlassen. Wie auch immer das aussah – die Mitschüler feixten, und der Lehrer ließ Christian wie auch die anderen gewähren. Nun ja, der Theatersohn – ein netter, ein eingebildeter, ein abgefahrener. Warum nicht ...

Dieser Christian nun lud mich, mich, den im Südgelände wohnenden Sohn eines schnöden Technikers, ins Nordgelände – und dann auch noch in bewusste Thälmannsiedlung ein. Mutter Pitra hatte Brataal gemacht, und den aßen wir gemeinsam auf der noblen Terrasse der oberen Etage. Neben dem Brataal gab es nichts, was mich sonderlich interessierte, und so blieb es dann auch bei dieser einen, etwas seltsamen Visite.

Das Metropoltheater existierte bis 1998. Wie lange Hans Pitra die Strippen zog, weiß ich nicht. Christian war bis vor einigen Jahren Professor im Rheinischen. Sein Hobby: die Ernährungsgewohnheiten der westafrikanischen Kuhantilope.

Das KZ Sachsenhausen. Erst in der Oberschule bekam ich mit, dass so etwas existierte. Wir haben irgendwann die verbliebenen Baulichkeiten besucht. Etwas gebückt, und uns grauste. Weil auch Filme liefen, die wir schlecht verkraften konnten. Verschwiegen hatte man uns, dass das Lager eine zweite Vergangenheit hatte. Hier hatten die Russen nach 1945 Leute eingelocht, die sie als Nazis verdächtigten. Zuerst also Folter für die Antifaschisten, dann Repressionen für Leute, die den Nachfolgern suspekt erschienen.
Wir beide – mein Bruder und ich – haben von unseren Eltern nichts über Sachsenhausen erfahren. Gut möglich, dass wir kaum nachfragten, geschweige denn strikt nach*bohrten*. Mir ist nur dieses stereotype *davon haben wir nichts gewusst* im Gedächtnis geblieben.
Später habe ich oft darüber nachgedacht, ob Vater mit Blick auf die kriegswichtige Produktion in seinem Betrieb *uk* (= unabkömmlich) war und deshalb nicht in den Krieg musste. Konnte mir aber nicht vorstellen, was das unter den Bedingungen des Dritten Reiches bedeutete.

Schon in der Grundschule war ich verknallt – in ein Mädel, das *Schnappauf* hieß und viel von sich hermachte. Leider hatte ich keine Chance bei ihr, weil ältere Konkurrenten entweder besser aussahen oder geschickter unter den Rock langten. Irgendwann landete die Schnappauf bei einem 16-Jährigen. Dessen Haare waren angeklatscht, die Hose irgendwo ausgebeult. Beides schien Eindruck zu machen. Schnappzu!

Wir reden noch immer davon – jetzt nachdem 65 Jahre vergangen sind. Wir reden noch immer über die *Splitterbrötchen* von Knape, über die *Schweineohren*, die viel besser schmeckten als die heutigen. Und wir fabulieren über die *Amerikaner*, die zehn Pfennig kosteten und die in unseren Hirnen ebenso festsaßen wie Trümmergrundstücke.
Oft war es Vater, meist aber waren es mein Bruder und ich – einer von uns dreien jedenfalls machte sich sonnabends früh auf, fuhr mit dem Fahrrad diese drei Kilometer zum Bäcker, sackte

das Gekaufte ein und jagte zurück an den Frühstückstisch.
O, diese Schweineohren! Sie brachen nicht, sie stoben nicht auseinander. Man konnte sie so, wie sie klebten, biegsam abrollen, und sie schmeckten wie Himmel auf Butter.
Nicht viel anders in Oranienburg. Dort gab es bis in die 70er Jahre zwei phantastische Bäcker – einen in der Bernauer, den anderen in der Stralsunder Straße. Mein Bruder behauptet, dass der in der Bernauer Straße, der neben der Apotheke, ein ähnlich unschlagbares Gebäck offerierte. Ich behaupte, dass es der in der Stralsunder Straße war. Gleichwie: Es ging um die sogenannte Napoleonschnitte – einen Kuchen, der heute so gut wie vergessen ist. Man kann ihn im Berliner Umfeld nur noch an zwei Orten antreffen: in der *Kornbäckerei*, Berlin-Charlottenburg und in der Konditorei *Braune* in Potsdam.
Auch für die *Napoleonschnitte* ist Blätterteig angesagt, dazu Vanillecreme, Schokolade und allerlei Spezialitäten, die der Fachmann geheim hält. Unsere ganze Familie war vernarrt in dieses kunstvolle Backwerk. Vater ließ den Dienstwagen dort halten, wir tanzten mit dem Fahrrad dort an, und Mutter war regelmäßig zur Stelle, wenn sie das Nachbarstädtchen besuchte.

Der gepflasterte Birkenwerderweg mündete damals in eine gelbfarbene Sandstraße, die an Kiefernschonungen und drei markanten Birken vorbei bis nach Borgsdorf führte. Heute ist die Sandpiste einer Asphaltstraße gewichen, die stark befahren wird; die Birken sind abgeholzt. Die Schonung wurde zum Wald.
In der anderen Richtung landete man zwangsläufig an den alten Bahnschranken, die fast immer geschlossen waren. Weil über unser Örtchen nicht nur der S-Bahn-Betrieb, sondern auch der gesamte Fernverkehr nach Norden abgewickelt wurde.
Im benachbarten Bahnhofsgebäude saß meine alte Klassenlehrerin, Frau Köhler. Ein mir unbekanntes Schicksal hatte sie an den Fahrkartenverkauf mit Knipszange verschlagen. Frau Köhler war körperlich behindert. Ihr Ehemann hatte sie betrogen, und irgendwer musste sie politisch diskreditiert haben. Eine Vermutung, ein klammes Gefühl bei mir, wenn sie mir S-

Bahnkarten verkaufte und etwas wie eingeklemmte Wut ... auf die Verursacher eines solchen Schicksals.
Seit 1980 hat Lehnitz einen neuen, ziemlich nüchternen Bahnhof und eine Unterführung, die das Schrankenidyll ablöste. Seltsam, dass sich nur die alte Situation mit Bahnhäuschen, Schranken und Treppenbrücken in mir festsetzte und bis heute alles auf den Kopf stellt.

Ach ja, die Grundschule. Sie wurde in den 50er Jahren erbaut und war der ganze Stolz der Gemeinde. Ob die Lehrer dazu passten, konnten wir Piepse nicht ausmachen. Wohl aber, dass im Bau Zucht und Ordnung herrschten. Voran Sportlehrer Maas. Ihm durfte man nicht schräg kommen. Und Stude, der eine Kriegsverletzung hatte, grinste permanent – selten freundlich, oft hinterlistig. Es gab dann noch die strenge Wagner, die uns Deutsch aufpropfte und ein Dutzend andere Lehrer, von denen mir niemand im Gedächtnis blieb.
Am 17. Juni 1953 stellte Ursula Heinz – eine vierzehnjährige Mitschülerin einen Klassenstuhl an die Wand, stieg darauf und drehte das überhängende UlbrichtBild so um, dass die Rückseite nach vorn kam. Wir anderen klamaukten dazu – ohne uns der Situation ganz bewusst zu sein. Als die Lehrer – zuerst der humpelnde Stude, dann acht oder zehn andere – ins Klassenzimmer vordrangen, wurde es schnell ruhig. Die Heinz wurde hinausgeführt, der Ulbricht zurückgedreht und der Stuhl verächtlich in die Ecke geschoben. Irgendwer kommentierte die Ungeheuerlichkeit. Was aus der Heinz wurde, weiß niemand. Sie ist nie wieder aufgetaucht.

Im Sommer 1957 hatte ich viel mit dem Enkel von Dluzaks zu tun. Der wohnte in Berlin, kam aber an den Wochenenden immer raus ans Havelufer. Wir gingen zu den Molchen, angelten oder halfen beim Grasmähen. Zuweilen kokelten wir auch – wie das so bei Halbstarken üblich ist. Einmal war ich allein damit zugange, forcierte ein kleines Feuerchen, das dankbar auflüderte, dann aber in die benachbarte Tujahecke einschlug. Zehn Minuten, und ich hatte den hübschen Sicht-

schutz abgefackelt. Was mir aber – weil ich rechtzeitig flüchtete – niemals angelastet wurde.
Der Witz war, dass das zugehörige Grundstück von den Eltern meiner späteren Freundin gepachtet war. Die müssen den Brandstifter noch wochenlang verflucht haben. Dass sich gerade dieser Typ an ihre Tochter heranmachen würde, war Zufall und blieb – selbst dem Mädel gegenüber – ein schlichtes Geheimnis.

Ich war vielleicht sechzehn, meine Freundin vierzehn und die Rotte, die uns umgab, zwischen fünfzehn und siebzehn. Wir lungerten in den Sommermonaten häufig an der Havel herum, spielten Skat oder hörten Radio. Ich hatte so ein schick anmutendes Stück, das eigentlich in die Stube und nicht auf die feuchte Grasnarbe gehörte: ein batteriebetriebenes Teil im Holzkasten mit Stoff vor dem Lautsprecher.
Die Musik kam aus dem nahegelegenen Westberlin. RIAS und der AfN lieferten und die DDRischen Störsender feuerten dagegen. Letzteres mit wenig Erfolg, denn das Radio trennte ziemlich scharf oder bot das Ganze auch über Kurzwelle.
Wir lagen also im grünen Gras und hörten *Schlager der Woche*. Das AfN-Englisch verstanden wir nicht. Und so tönten die Kommentare von Hillbilly Ribley und Stickbuddy Jamboree ohne rechte Zuordnung an uns vorbei. Weh tat das nicht. Wussten wir doch, dass das Gequatsche nicht besser war als die Liedtexte. Schmalz und billig, fies oder abschätzig. Die Musik aber war unübertroffen.
Ab und zu suchte ich den alten Kahn auf, der am Ufer vertäut war. Und gab mit meinem Zehenhang an – hing also mit dem vorderen Teil meiner Füße an einer herausragenden Metallstange – kopfüber und nahe am Wasser. Ich war sicher, dass die Eskapade meiner Freundin imponieren würde. Sie imponierte auch, aber nur kurzzeitig. Denn das kleine Luder war anders konzentriert. Es liebäugelte mit einem Konkurrenten. Und der fuhr offenbar andere Geschütze auf. Dass mich das ankotzte, war klar. Ich ließ mich neuerlich, neuerlich und neuerlich hängen. Aber das hatte das kleine Luder bald über.

Ach! Eines hätte ich fast vergessen – die Story mit Verbraken. Ihm, dem Holländer, gehörte das einzige und damit größte Transportunternehmen in Lehnitz. Mit seinen riesigen LKWs fuhr er raus aus dem Grundstück, oder eben rein in die hinten liegende Garage. Weil dies mehrfach am Tag geschah, stand die große Doppeltür am Gartenzaun immer offen. Was uns Kinder meist bewog, auf dem Heimweg von der Schule nicht die anliegende Straße (den Havelkorso), sondern den Forstring zu benutzen.
Mein Bruder hatte das einmal anders entschieden. Und den Köter, der frei auf Verbrakens Grundstück umherlief, entweder nicht vermutet oder zu spät erkannt. Pechsache. Die Töle jedenfalls kam rausgerannt und biss meinem Bruder kräftig in die Wade. Man weiß das: Manchen Monstern muss man den Kopf abschneiden, damit sie loslassen. Hier ging das Gottseidank einfacher ab. Irgendwer pfiff aus dem Gebäude heraus, und der Köter parierte.
Ich weiß nicht, ob unsere Eltern diesen Vorfall je reklamierten. Bruder Bernd jedenfalls ging traumatisiert in jede neue Hunderunde. Noch heute, nach gut 60 Jahren, ist er misstrauisch. Es sei denn, er begegnet einem Hund namens Johann...

Ich könnte hier noch weiter erzählen. Übers Hofjagdrevier mit dem 70-Meter-Berg etwa, von dem winters die Todesbahn abging – eine halsbrecherische Ski- und Schlittenpiste, die ich vornehmlich auf dem Arsch absolvierte. Über nächtliche Waldspaziergänge mit meiner Freundin, Ausflüge, die meinem Vater total missfielen und die er zuweilen torpedierte – mit dem alten, um Fernlicht bemühten Opel Kadett. Übers Äppelklauen, über bandenmäßiges Umhertrampeln in leeren oder zerrümpelten Wochenendhäusern, über meine Neigung, neue Schulhefte statt mit Hausaufgaben mit endlosen Bildgeschichten zu versehen.
Vor allem Letzteres lasse ich lieber. Es ging nämlich immer um Trapper und die anderen, die man so nicht mehr nennen darf – die Indigenen, die anders gefärbten...

1966: im Grenzausbildungsregiment GAR 2, Eisenach

Mein Konzertsaal ist kein großer Raum,
kein Raum mit Bühne, Orchestergraben und Publikumsgestühl.
In meinem Konzertsaal gibt es
weder Musiker, noch beifallklatschende Hände.
Mein Konzertsaal ist ein leeres Wasserbecken,
grau, mit abfallenden Wänden
und unten: ein Quadrat.

Mein Konzertsaal ist ein alter Trichter,
in dem Glasscherben liegen,
hier und da Steine,
von unbedachter Hand hineingeschleudert,
dazwischen Gras, spärliches Grün
in Ritzen und ausgebrochenem Grund.

Mein Konzertsaal ist ein schwarzes Loch.
Nachts, wenn der Mond aufleuchtet
und Regenwasser hinabläuft
von der nahen Wiese,
ist es kalt in diesem Loch.

Mein Konzertsaal ist die Ausflucht,
ein schwarzes Loch zwar,
ein graues Wasserbecken,
gefüllt mit Glasscherben und Steinen,
aber ein guter Saal.
Ich kann lauschen in diesem Saal.
Auf zusammengelegter Jacke liege ich,
einen Holzklotz unter den Füßen,
die Mütze unter dem Kopf.

Mein Konzertsaal besitzt Akustik,
nicht viel leider, aber Akustik.
Wenn ich spüre,
dass es widerhallt von den Wänden,
wenn ich fühle,
wie die Kälte die Jacke durchdringt
und oben die Sonne sticht,
heiß und gleißend,
bin ich abseits.

Mein Konzertsaal ist heller Seestrand,
rieselnder Sand in brennendem Licht,
und inmitten der Helligkeit,
die einbricht in blinzelnde Augen:
Musik, Musik aus winzigem Radio.

Mein Konzertsaal liegt hinter Stacheldraht.
Aber tief unten am Grund
ist er fast Freiheit.
Er schließt mir die Augen,
hebt mich auf Dünen empor,
taucht mich in rauschendes Meer,
in weite Musik:
Chopin ... und das Spielen der Wellen.

Mein Konzertsaal ist Rauschgift.
Er ist milder als Opium.
Er vertreibt Gedanken:
Fort und nur fort die Not, fort, fort!

2018: Späte Wiederbegegnung

Es ist ein AugustMittwoch und wir steuern auf Lenz zu. Lenz ... weil dort eine Familie genau das Haus bewohnt, in dem ich geboren bin. Der Witz ist, dass unser Besuch nicht von mir, sondern von Fritz P. ausgeht. Er nämlich hatte mich im Netz aufgespürt. Und er ist es auch, der etwas über die Geschichte meines Elternhauses erfahren möchte.
Mir gefiel sein Ansinnen, und wir planten, die Ortschaft – und natürlich auch die HavelChaussee Nr. 6 – während unseres Urlaubs aufzusuchen.
Die P.s quittieren das mit Freude. Und so ist, als wir schließlich dort einlaufen, ein netter Kaffeetisch vorbereitet. Wir setzen uns einander gegenüber. B. und ich rutschen nach rechts, die P.s samt Kind und Kegel, genauer gesagt mit Baby und einem Dreijährigen, nach links. Alles wirkt harmonisch. Nur der Dreijährige streikt verbissen. Er scheint ungehalten, unvorbereitet, vielleicht auch überfordert.
Du bist gemein, flötet er B. an, worauf die Eltern in verschämtes Lachen ausbrechen. Der Junge sei von der Rolle, erklärt die Mutter. Er würde das jetzt jedem zumuten. Sie selbst seien auch betroffen.
Erklärung hin, krause Jungenstirn her. Der guten Stimmung tut das keinen Abbruch. Wir erzählen munter drauf los und finden das Treffen durchaus trefflich.
Er, P., stammt aus Chemnitz, sie aus Bremen. Sie haben sich beim Studium in Heidelberg kennengelernt, berichtet sie, und über kleine Umwege nach Lenz gefunden. Dort stand mein Elternhaus zum Verkauf. Das, was meine Mutter zu DDR-Zeiten für beschämend wenig Geld abstoßen musste, ging 2014 für stolze 240.000 Euro über den Tisch.
Die Käufer, beide noch jung, arbeiten in Berlin. Er beim BHTR, sie als Anwältin. Sie nehmen den weiten Anmarschweg bewusst in Kauf. Lenz bietet ihnen ein herrliches Feld, ein grünes, verkehrsarmes Refugium, in das man sich schnell verlieben kann.

Aber stopp: So weit war es erst, als das Grundstück als blindgängerfrei deklariert wurde. Kaum jemand weiß, dass im Weltkrieg II hunderte Bomben auf Lenz gefallen sind. Die selbst jetzt noch, fast 70 Jahre danach, in die Luft gehen. Was die Nummer 6 betrifft, so hatten Spezialmaschinen den Boden gründlich durchforsten müssen: alle zwei Meter bis in sechs Meter Tiefe. Zum Glück fand sich nichts.

Das alles habe ich in den letzten Wochen renoviert, sagt P. und beginnt nun, die einzelnen Räume zu zeigen. Für mich wird das extrem spannend. Denn die Rückerinnerung hat ihre Strukturen, und die finde ich sowohl bestätigt als auch aufgehoben. Unten im Erdgeschoss ist wenig verändert. Allenfalls das kleine Bad ist durch den Zubau im hinteren Teil des Hauses geräumiger geworden. Eine erfreuliche Verbesserung. Oben scheint nur das links liegende Zimmer – jenes, das ich als Jugendlicher bewohnt hatte – unverändert. Tatsächlich finde ich die Nische, in der mein Bett gestanden hat, so vor ... sechzig Jahren.
Das große Zimmer auf der Frontseite des Hauses ist in zwei Räume unterteilt. Die Küchenzeile, ein Provisorium für das zeitweilige Einwohnen meiner später gegründeten Familie, gibt es nicht mehr. Dafür ist die kleine Toilette – direkt über dem ErdgeschossBad geschmackvoll ausgebaut.
Um es kurz zu sagen: Was wir hier sehen, hat mit dem Ursprünglichen zwar zu tun, ist aber dennoch weit entrückt. Das ehemalige Wohn- und EssZimmer im Parterre existiert noch, auch die mit Jugendstilbeschlägen versehene Schiebetür. Doch alle Fenster sind neu, und ein Kaminofen prangt dort, wo einst der Kachelofen tiefbraun seinen Platz hatte. Das ebenfalls im Parterre gelegene Ex-Kinderzimmer ist zur Bibliothek umfunktioniert. Blickt man – quer durch die neue Szenerie nach draußen – scheint alles unverändert.
Den Durchgang vom Kinderzimmer zur Küche gibt es nicht mehr. Letztere ist nur mehr über den Flur zu erreichen. Sie ist einfallsreich gestaltet und modern ausgestattet.
Ach ja, Küche: Ich habe noch immer die alte Kochmaschine im

Kopf. Sie war – aus dem Blickwinkel von heute – ganz rechts aufgestellt. Und sie wurde mit Kohle beheizt. Mutter benutzte sie täglich, wenn etwas erhitzt oder warmgehalten werden sollte. Letztlich taugte sie auch für Vaters Experimente mit grünen Heringen. Die mussten, eingewickelt in Zeitungspapier, mitten in der Glut garen und schmeckten ausgewickelt nach Druckerschwärze.
Später ist die alte Kochmaschine durch einen modernen Elektroherd ersetzt worden. Die Heringe lagen dann auf der Pfanne und bläuten die Lüfte.
Ach ja, die Küche, die Küche mit ihrem Fenster, dem besagten Ausguck Richtung Rodelberg. Wie oft hatte Mutter dort gestanden, hinausgeblickt und kraftvoll nach uns gerufen. Ja ... so war das!

Ich hatte den P.s an die zwanzig Fotos mitgebracht, die von der wechselvollen Geschichte des Hauses zeugten. Eben das war es, was die neuen Besitzer interessierte: Die aus allen Himmelsrichtungen zusammenströmende Gesamtfamilie ab 1939, die Häuslebauer, die Wege- und Gartengestalter, die aktiven und die begleitenden: meine Großeltern, die Eltern, Onkel, Tante, die Anfänge meines Cousins Achim und irgendwann auch ich im Kinderwagen – die ganze Sippschaft in Bewegung, im Mörteln und Zimmern, im Halten und Aushalten. Und das alles aus der kleinen Holzhütte heraus. Tatsächlich zeigte eines der Bilder meine Mutter 1938 in grobem Wintertuch – kurz vor Baubeginn und im Dunstkreis der bräunlichen Kate.
Was sich in den Folgejahren anschloss, dürfte viel Kraft gekostet haben. Zunächst wird der Keller und im Jahr darauf das Erdgeschoss des künftigen Gebäudes entstanden sein. Dazwischen hatte es zweifellos heiße und kalte Zeiten gegeben. Mutter sprach immer mal von stickiger Hitze, dann aber auch von frostigen Wimpern, wenn sie morgens starr vor Kälte im Behelfsbau erwacht war.
Schließlich die Fotos von den Aufbauten für die erste Etage und das Weitere dachwärts. Vater, Mutter und all die anderen, alle irgendwie fotogen beschäftigt und hingegossen ins

Schwarz-weiße. Mutter mit der Karre separat und Vater beim Vermessen von irgendwas. Schließlich das unverputzte, komplette Haus – einmal von vorn und dann aus Waldsicht von hinten.
Knapp vorbei am WohnGlück war dreiundvierzig die Bombe eingeschlagen. Sie detonierte ostwärts im märkischen Sand, und sie deckte so ziemlich das Dach ab. Was Vater & Co. etwas in Verlegenheit brachte, denn gleichfarbige Ziegel waren damals nicht aufzutreiben. So blieb das Ganze zweifarbig: schwarz und graublau.
Ende der 50er Jahre schließlich der Verputz, der Ausbau der oberen Etage und die Zentralheizung. Das hatte Vater noch hingekriegt. 1960 starb er. 1965 dann mein Sohn Stephan mit den ersten Trippelschritten im Garten – Terrasse, Balkon und Garage piekfein dahinter.
Mutter blieb im Haus wohnen, im Grunde allein, denn wir Söhne waren schwer auswärts. Bruder B. bei der NVA, ich in Freiberg beim Studium.
Mutter, die auf Rückkehr setzte und fest auf ein Zusammenwohnen mit mir, meiner Frau und unserem inzwischen zweijährigen Sohn hoffte, sah sich bald enttäuscht. Denn mit der Schwiegertochter flogen die Fetzen. Was Krach über Krach und schließlich den Auszug aus Haus und Wohnung bewirkte. Die von Mutter gestaltete erste Etage verwaiste. Statt der Leuchtfeuer stellte sich Dunkelheit ein. Dunkelheit, die auf leerstehenden Wohnraum deutete. Kein Wunder, dass kurz darauf bedürftige Lenzer anklopften. Solche, die das Ganze eruiert und denunziert hatten und im Einklang mit dem Wohnungsamt Druck machten. Einer Zwangseinweisung aber wollte Mutter entkommen, und so entschloss sie sich – ohne die Ambitionen ihrer beiden Söhne auch nur festzustellen – für den Verkauf des Hauses. Der, so erklärte sie dem ersten der von ihr aufgesuchten Makler, müsse neben dem Erlös eine Tauschwohnung in Ostberlin erbringen. Die brauche sie, um über die Mauer hinweg, den Kontakt zu unserer Westverwandtschaft aufrecht erhalten zu können.

Normalerweise war ein Zuzug nach Ostberlin ein Ding der Unmöglichkeit. Allenfalls diejenigen, die per Parteiauftrag in die Hauptstadt verpflichtet wurden, bekamen eine Wohnerlaubnis. Mutter fand – auf welche Weise auch immer – einen weiteren Makler, einen, der attraktive Immobilien für staatliche Einrichtungen ausfindig machte und aufkaufte. So auch hier. Unser Haus sollte dem Ministerrat der DDR angedient werden. Der – so erfuhren wir später – wollte es als Gästehaus der Regierung nutzen, und so geschah es dann auch. Mutter kassierte schäbige dreißigtausend Ostmark und zog alsbald um: an den Prenzlauer Berg – in die G.-Straße.
Bis zum Ende der DDR muss sich unser Ex-Haus im Besitz der DDR-Führung befunden haben. Aber dann? Viele Fragezeichen.

Gab es die vom Wendegeschehen verfolgten, frisch gewendeten Gestalten, jenen Herrn X oder die Frau Y, die den Anspruch geltend machten, oder waren es Leute, die einfach nur die eine D-Mark hinlegten, um die „Erbfolge" anzutreten? Die Antwort darauf steht aus. Auch P. kann nicht klären, was damals geschah. Er verweist auf die Nachbarin, die Ende der Sechziger das angrenzende Grundstück pachtete und später – auch in P.s Richtung – meinte, dass die Nr. 6 als konspirativer Treff der Stasi genutzt worden sei. Eine Vermutung? Eine Beweislage? Nichts davon scheint gesichert. P. habe die Vorbesitzerin des Hauses, mit der er übereinkommen musste, als sehr zögerlich empfunden, als jemand, der verkaufen und dann nicht veräußern wollte. Es dann aber doch musste.
Wie auch immer: die Geschichte bleibt ihre Geschlossenheit schuldig, wenngleich der Bau, sein Erstehen wie seine Vollendung unverrückbar im Licht stehen. Die P.s jedenfalls sind glücklich über das jetzt Entstandene und ich ein wenig weniger traurig, weil die Fortsetzung von damals so überzeugend ausschaut.
Kurz und gut: Aus meinem Eltern- und Geburtshaus, aus dem mit Obstbäumen und Beerensträuchern bestückten Garten, der immer mal über Rinnensysteme mit Jauche aus der Sikkergrube gedüngt wurde, aus all dem ist ein stattliches, mit

Zierpflanzen und Blumen versehenes Anwesen geworden. Ein Terrain, das auf seiner Rückseite um Schuppen und Carport erweitert ist. Die alte Garage, die noch zu Vaters Zeiten in rechtem Winkel zur Auffahrt, also recht ungünstig angeordnet worden war, gibt es auch noch. Für die breiteren, modernen Autos scheint sie unbefahrbar. P. deutet an, dass er den Anbau abreißen möchte. Was aber würde aus der darüber liegenden Terrasse werden?

Kommen Sie mit zur Havel! ruft Fritz. Die P.s nehmen ihre beiden Kinder und marschieren zum Gartentor. Wir folgen ihnen zügig und stehen dann draußen. Plötzlich dieser Moment Stillstand, so ein Verharren am Bürgersteig. Ich ziehe, ohne es anzukündigen, einen Zettel heraus, eine Skizze, die ich mitgebracht habe. Sie stammt von meinem Bruder, der sie nur ungern rausrückte, eine Skizze, die bei Nr. 6 links die Lage eines möglichen Blindgängers beschreibt. *Sollen die Drecksäcke doch in die Luft fliegen,* hatte B. jahrelang gezetert und damit diejenigen zum Teufel gewünscht, die Mutter das Grundstück so ertragreich abgeluchst hatten – Kommunisten eben, Bonzen der Ex-DDR. Ich hatte diese Wut verstanden, nicht aber gebilligt, dass die Sache auf sich beruhen sollte. Und doch bringe ich es erst jetzt fertig, definitiv auf die Gefahr hinzuweisen.

Scham hin, Skizze her. Was letztere ausweist, besser gesagt: ausweisen soll, ist die Lage eines nicht explodierten Sprengkörpers, einer Bombe, einer Granate auf der linken Ecke des Grundstücks zwischen Rinnstein und Fahrbahnmitte.

Wie mein Bruder solche Dinge im Gedächtnis behalten konnte, ist und bleibt unklar – er war zum Kriegsende gerade mal ein Jahr alt. Oder war da ein Loch, das jahrelang offenstand? Wie auch immer: Wir vermessen den vermeintlichen Fundort und P. versichert, dass er alles sofort prüfen werde.

Das Havelufer ist nicht mehr das, was wir als Kinder und Jugendliche bespielt hatten. Die Büsche sind zu kapitalen Bäumen herangewachsen. Dazwischen Wiesenflächen, die öffentlich zugänglich, also begehbar sind und dennoch von

den Anrainern sorgsam gepflegt werden. Irgendwo hat ein Übereifriger sogar weißen Sand herbei gekarrt und ein Volleyballfeld angelegt. Zwei Bekloppte springen darauf herum, und es ballert nur so.
Auf dem Rückweg passieren wir den Grünen Weg. Auf der Ecke zum Havelkorso die Erinnerung an Helmut, meinen Freund aus der Grundschulzeit. Der hockt heute in einem Punkthaus in Berlin – ich frage mich, ob er überhaupt noch hockt. Ich hatte ihn vor drei Jahren ziemlich mühsam ausfindig gemacht, doch der Kontakt kam nie wirklich zustande. Depressionen, die Abwehr eines Treffens mit knapper Botschaft: Seine Frau die Selbstmörderin und der Sohn – verfeindet in England.

Wir sind fast zurück, da sticht mir Werners Haus ins Auge. Ja, das meines einstigen Spielkameraden. Es steht schräg gegenüber der Nr. 6 und hält die äußere Form seit Jahrzehnten. Nun ja, ich weiß das, weil ich immer mal hier war und doch zögerte, die alten Zeiten und ihre Protagonisten aufzurufen. Ich drücke die Klingel. Zunächst rührt sich nichts. Dann aber kommt er, er, Werner, ein Achtzigjähriger, dem, ich kann es kaum glauben, die Augen des Vierzehnjährigen entspringen. Ja, es ist Werner, der Junge vom Geburtstagsbild. Ich, zehn Jahre und er, dreizehnjährig mit Hut plus Kochtopfdeckeln. Das krachte damals.
Frau P. hat – was Werner angeht – von beginnender Demenz gesprochen. Davon ist jetzt nichts zu spüren. Der Mann klemmt sich auf die große Eingangspforte und erzählt. Die Jahre, die Jahrzehnte, Jürgen K. sei in Wuppertal gelandet. Auch einer vom Geburtstagsbild, einer, der mich später anrufen wird.
Und dann, ja dann ein paar Worte über die Frau, die Söhne und was so ansteht.
Die Begegnung ist flüchtig. Werner entschuldigt sich dafür, dass er uns nicht einlässt, und verspricht, das im folgenden Jahr anders zu handhaben. Nun gut, nun ade ... bis später!

Szenenwechsel. Ich fahre dicht heran: Burgfeld, Willdorfer Straße 5. Eine Mauer von Vogelbeerbäumen, dahinter die

zwei Meter hohe TujaHecke und links die Einfahrt – eine zweiflügelige Metalltür, schwarz lackiert.
Das dort war mein Zuhause.
B. und ich – wir greifen nach den übriggebliebenen Brötchen, die vom Flughafenrestaurant herrühren, und kauen.
Ich lege meine Arme auf das glatte Profileisen und staune: Vor der Garage ein neuer Carport. Darunter ein netter Mini, alles blitzblank und rechts davon, weit und ausladend: Blumen. Nicht zwei, nicht zehn, nein hunderte. Alles in Blüte.
Ich mache zwei Fotos mit dem Handy und hole aus für ein drittes. Da steht der neue Besitzer vor mir. Schaut mich an und weiß nicht, was los ist.
Das hier habe ich gebaut, sage ich kurz, und der Mann grinst irritiert. *Tatsächlich?*
Herr Kosta – so meine Deutung des Namensschildes – scheint einen Moment lang ungläubig, rafft es aber schließlich. Auf meine Frage, auf das, was mich plötzlich überrollt und so gar nicht geplant ist, auf dieses überraschende *Können wir uns das mal ansehen?* lacht er plötzlich.
Ja, wenn Sie wollen.
Bender, sage ich, *ja Kosta*, sagt er, *angenehm.*
Schneller als ich gedacht hatte, komme ich zu fünfzehn Fotos, Fotos aus dem verdammten Heute. Fotos, von denen ich jahrelang geträumt hatte. Jetzt sind sie tatsächlich geschossen. Ich habe abgedrückt und hinterher geschaut. Irgendwann werde ich verlässlich festmachen, was hier abging.
Vorerst sind wir baff, ich etwas mehr, weil ich weiß, wie das aussah, als ich hier wegging, B. etwas weniger, weil ihr top Einrichtungen geläufig sind.
Das Ganze macht einen guten Eindruck. Auf den ersten Blick hin hat sich kaum etwas verändert. Aber drinnen ...
Gut, der Geschmack von damals, der DDR-Geruch der 70er – sie wurden zu Recht getilgt. Die Baumscheiben am WohnzimmerKamin sind durch grau-edle Fliesen, die Plastikhähne durch Kupfer und Co., der Toilettendeckel durch stylisch Klappbares, die alte Küchenzeile durch ein elegantes Block-Tisch-Ensemble ersetzt worden.

Wo aber ist mein kunstvoll gestalteter Delfin, wo sind die von Fritz geschreinerten Türbogen geblieben? Einen Moment lang bin ich schockiert. Zumindest dem Delfin, für den ich lange gekünstlert hatte und der auch jetzt als gekonnt durchgehen würde, wäre ich gern wiederbegegnet. Aber über Geschmack, über die Entscheidung des Nachfolgers an Haus und Grund lässt sich nicht streiten. Gleichwohl scheint sich der Erneuerungseifer hier und da überschlagen zu haben. Selbst den Kamin hat K. rausreißen lassen, obwohl der – so sein Erbauer – einsame Klasse gewesen sei. Gewiss: Das Ding hat etwas in den Raum geräuchert. Nicht etwa, weil die Konstruktion fehlerhaft war, sondern wegen des zu niedrigen Schornsteins. Ich habe mir damals mit einem Blech geholfen, einem verzinkten Rechteck, das ich in der Anbrennphase dicht vor die Öffnung schob. Schon möglich, dass K. mit derartiger Bastelei nichts am Hut hatte. Sehr komfortabel war das ja nicht.

Schließlich ist statt des Kamins ein geschlossener Ofen mit Glastür entstanden. Der freilich macht weniger her. Dürfte aber angesichts der nach wie vor geringen Schornsteinhöhe ...

K. hat das große Wohnzimmerfenster zu dem gemacht, was es von Anfang an hätte sein müssen – zu einem großzügigen Lichteinlass. Er hat die Fensterfläche um fast 50% vergrößert, wobei er auf die damals in Mode gewesene Schieflage der Scheibe nebst Riemchendrapierung verzichtete. Gut so, K.!

Auf der gegenüberliegenden Seite ist die Tür, die raus zur Terrasse führte, verschwunden. Ein altes Video zeugt noch von ihr: Mein Freund W. davor – mit Flasche und abpfeifendem Bierstrahl.

Jetzt ist dort blanke Wand und auf der Rückseite ein neu umbauter Bereich, der dem Flur mehr Raum gibt.

Im rechten Winkel zum Wohnzimmerfenster ein Durchbruch – direkt in den neu angesetzten Wintergarten, der jetzt einen Teil der ursprünglichen Terrasse einnimmt.

Ja, sagt K., *schade um die Weinreben an der Frontseite. Die mussten weichen.*

Tatsächlich ist der Wintergarten die einzige wichtige Veränderung, die mein Ex-Heim äußerlich hinnehmen musste. Innen

allerdings ist kaum etwas wie ehedem – mit einer Ausnahme. Tatsächlich blieb nur sie, sie, die schmiedeeiserne Tür im Flur. Sie und der vertraute Anschlagton, wenn Tür und Rahmen aufeinandertreffen. *Kling*, sagt das, als Kosta dagegen stößt, und es schmerzt ein wenig. Tatsächlich trennt die Tür auch jetzt noch den Flur von einer Etagenheizung – den gelb getünchten Vorraum von der zweifellos moderneren Therme.
Nun ja, der neue Eigner hat alles auf TOP gedreht. Auch die Miniräume von Toilette und Bad sind aufs Feinste umgestaltet.

Mir kommt der Gedanke, hier sofort wieder einziehen zu wollen ...

KEIN STEIN WILL NUR STEIN SEIN

SteineTexte

Kiesel

Wie könnt ihr
von meiner Schönheit
fasziniert sein,
wenn ihr mich
ruchlos
in die Schleuder steckt –
mein Lächeln ...
nach unten?

Sahara

Müsste sie
durchs Stundenglas:
Wir verstünden sie erstmals ...
die Jahrmillionen

SchicksalsFrage

Greift er nach mir,
oder
bleibe ich
weitere tausend Jahre
unberührt ?

Täterprofil

Zweifellos
ist der Stein schuld,
wenn ihr
anstoßt.
Fragt sich,
wann ihr ihn
steinigen
werdet.

Abdrücke

Ganz gleich, ob Feldstein, Spülstein, Grabstein
oder Stein auf Stein.
Die banal-minerale Geringschätzung
des scheinbar Leblosen wird sich rächen.
Wer einst den Marmor,
wer einst Gesichter und Faltenwurf stürzte,
wer aus- und wegbrach, und
den Geist sedierte –
er wird auch uns platt machen,
blass und nichtssagend
für die Abdrücke von morgen.

Ich spüre
das Hochgefühl
des Ankers,
wie er fällt
und mich
mitreißt,
wie sein Hol-ein
ins Gegenteil ...,
wie das Klackern
der Kette
so mitleidlos
die Fahrt ins Sandige
orchestriert.

Im Logbuch
ist vermerkt,
wo ich
auf Grund ging.

Komm und lass dich,
Glied für Glied,
zu mir nieder!
Die Fessel gibt
sich brüchig,
und das Dunkel
ist nicht
auf ewig gemacht.
Wir können
es einfach

lichten ...

Kein Stein will nur Stein sein

Text zu dem gleichnamigen, 2003 entstandenen Film

Wenn ihr das Rauschen, das Pfeifen der Winde, wenn ihr Gischt und Wasser zulasst, wird es ganz einfach. Furcht, Fremdheit und die Gewalt des Hereinbrechenden – sie weichen ganz plötzlich der Faszination, später einer schlichten Vertrautheit.

Jenseits des touristischen Getümmels, abseits der letzten, gerade noch sichtbaren Abdrücke, die Schuhe, Hosenboden oder Stock hinterlassen, grüßt die wahre Natur.

Sie lugt aus Spalten und Höhlen, aus Blöcken und Felsplatten, die geschichtet, auf seltsame Weise verdreht und gekippt, zu euch herüberragen. Wo schon ist Landschaft so selbstvergessen, so zum Ewigwährenden bestimmt wie hier – wo nur Wellen zu Bruch gehen, wo fast nichts abgetragen, ausgehoben oder zerschlagen wird.

Hier scheint vieles auf ewig gefügt. Und ganz sicher bedarf es der Jahrhunderte, einen Abrieb, etwas Ausgespültes, das etwas Kleinere, das etwas Rundere oder Gefärbte hervorzubringen. Was auch anrührt, ist das Übliche: Das Anlanden, das Aufschlagen der Wellen, das Peitschen des entfesselten Wassers, das eilige, zuweilen auch gemächliche Rück- und Abfließen – das nun schon dauert. Na, ich weiß nicht – an die Millionen Jahre. Die aber sind nicht fassbar. Und wie man erstaunt ist, weil die Gezeiten der Unendlichkeit anheimfielen, -fallen und -fallen werden, so nehmen uns auch die Masse des Wassers, des Wassers wechselvolle Gestalt und Farbe schnell gefangen.

H_2O – ein so wunderbares, dem Gasförmigen enthobenes Etwas. So ein murmelndes, schluchzendes Flüssigsein. So

ein Geschmeidiges, Anheimelndes, das sich selbst genug ist. Fast immer schwebt Dunst darüber, oft sind es ein paar Schwaden – etwas, das in Münder und Nasen steigt.
Als Antwort: ein Atem, ein Hauch – denn zu Worten kommt es nicht. Angesichts des unbändigen Aufgewühltseins, angesichts des Plätscherns, ja des bloßen Daliegens ist Staunen angesagt. Ein Staunen ob der ewigen Wiederkehr, ob der Abfolge des Steigens und Sinkens.

O ja, dieser Sturm immer mal, diese Wellen und Schaumkämme schon weit draußen, diese quirligen Gebogen-Gewogenheiten, die keiner Formel genügen. Schließlich das finale Aufschlagen, ein tosendes Etwas, das Echos erzeugt – ganz so, als rase ein Drache in heimische Gefilde.

Nur wenn das Toben, nur wenn der Wind nachgibt, erlöst sich das. Überlässt das Aufgeworfene, das Aufbrausende, einem späteren Treiber: der Flut, der Bö, vielleicht Neptun, der es erneut anfacht.
Was letztlich bleibt, ist das Abflauende, das zur Ruhe Findende. Etwas, das im Wiegen, im Tätscheln von Sand und Stein, in Reglosigkeit mündet.
Doch vorerst die letzte Welle: Wasser, dem man zutrauen sollte, dass es weiß, wo es hinmuss, Wasser, das auf- und abläuft, das den Stein, den grad noch benetzten, den eben noch bewegten, sich selbst überlässt. Tatsächlich Wasser, das zurückrinnt, eine Spur zieht und vorhat, auch anzukommen. Anzukommen im Leib des Meeres, der begierig bleibt, Ausuferndes zu gebären.
Das braucht ... kaum Zeit.

Nimm einen Stein vom Fels, nimm einen runden, der gut in Hand liegt. Nimm ihn und wirf ihn ins Meer! Folge dem Flug des Steins, aber miss seiner Bahn nicht mehr zu als der Masse, der Form, der Zeit und dem Ort des Aufschlags. Begreife, dass du etwas aufgehoben hast, was lange unberührt blieb. Nimm das ... und spüre das Ganze!

Was da aufspritzt, *kann*, aber muss nicht dein Stein sein. Im Auf und Nieder der See ist vieles denkbar. Wichtig ist, dass du weißt, was du angerichtet hast. Du hast Schicksal gespielt, die Bestimmung verkehrt und den Stein um den einstigen Aufstieg gebracht. Unsichtbar geht er jetzt zu Boden. Schiebt sich und rollt sich zu seinesgleichen. Ob er letztlich von Sand bedeckt oder eingeklemmt vor sich hin liegt, ist ohne Belang. Ist nur ein Stein, sage ich. Und doch geschieht etwas, das mich Lügen straft ...
Dort unter dem Palacio, dort, wo das Wasser grün schimmert, wenn es reglos über dem Sand steht, liegt die Bucht. Sie ist klein, diese Bucht. Und doch auffallend. Weil alles in ihr so normal, so erwartet ausschaut. Weil nichts, aber auch gar nichts an verdrehte Felsen von gegenüber erinnert. Alles mutet horizontal an, ist liebreizender, ist erreich- und begehbar. Diese Bucht ist offen. Sie zeigt, was andernorts unzugänglich, ja uneinsehbar bleibt. Sie ist Heimstatt von Booten, Möwen und... Steinen, genauer gesagt: von Steinchen, Steinen und Übersteinen, die sich wild ausbreiten. Trotz Ebbe und Flut ist hier all das statisch bestimmt: vom Trocken-oder-nass-so-daliegen, vom Aufgetürmt- und Obensein, vom Unten-, Versenkt- und Bedrücktsein.

Steine sind schwer. Ob sie es auch schwer *haben*, wissen wir nicht. Wir wiegen die Köpfe, aber wir sind nicht sicher.
Steine und eine Seele, Steine und ein Innenleben? Kann nicht sein, sagt jeder, den wir fragen. Steine seien Steine und sonst gar nichts.
Ich warne vor dieser Fühllosigkeit, einem Vorurteil, einer Arroganz, die sich schnell breit macht. Es könnte sein, dass im Fünfdimensionalen vieles anders aussieht. Und wer weiß schon, ob uns Steine nicht *genauso viel* absprechen wie wir ihnen.

Wie auch immer. Ich habe Lebewesen entdeckt. Wesen, die äußerlich schweigen, an sich aber aufbegehren. Ich sah Formen und Farben, die es *so und genau so* meinten. Nicht das triste Grau, dass bloße Weiß oder Schwarz, das ich gewohnt bin. Nein: auch das strahlende Gelb, das Ocker, das belebende Grün, das Türkis, das Rot, ja sogar Pink, dem ich sonst nichts abgewinne. Jedes ein Unikat und doch ... dem immer Gleichen verbunden: dem Runden, dem Abgeschliffenen, dem Ausgehöhlten, dem Unscharfen ...

Steine schön und gut! könnt ihr sagen. Steine wofür? könnt ihr fragen. Die hebt nie jemand auf, könnte es heißen. Die liegen und bleiben niedergestreckt – bis irgendwer genau das gutheißt oder anderweitig bestimmt.
Wer den Stein so sieht, wird freilich nie ins Innere, nie zur Botschaft gelangen. Wird nie feststellen können, was Basalt, Granit und Tuff so gesteinen. Es wird bei Straßen und Bau bleiben, beim Brechen und Kleinreiben, beim Drin und Drunter, beim eher Nüchternen.

Doch ich sage euch: Steine sind mehr als wir annehmen. Sie haben Gesichter, und sie können sich mitteilen: Nicht nur freundlich, auch nachdenklich und zornig. Hier ein mildes Lächeln, eine SteinStirn, die sich kraus gibt. Dort blanke Not, Hass oder der bloße Steinschlag. Klar, dass uns das herausfordert, dass uns das anhält, Fragen zu stellen, oder zwingt, uns solchen zu stellen. Aus welcher Tiefe kamst du, könnte das heißen und ... wann? Oder auch: Willst du mich endlich aufheben, gutheißen und irgendwo hinstellen?

Gesichter, erneut Gesichter. Ein Privileg, das Steinen Gewicht verleiht, sie wertvoller macht, ihnen Vorrang einräumt vor dem, was sonst so umherliegt – augen-, nase-, mund- und ohrenlos. Doch auch die antlitzlosen Steine können schön sein. Manche kommen mit den Wellen, stauen sich an kleinen Gestaden, rollen auf- und untereinander und tönen. Jawohl: Ich höre sie, wie sie aufeinanderschlagen und gleiten, ich höre, wie sie rauschen und ihre Stimmen wetzen.

SteinGesichter im Wettstreit mit Hühnergöttern. Kann das, was mir nah ist, kann das, was uns Augen, Wangen, Münder und Ohren gaukelt, hier standhalten? Mithalten mit dem, was sich durchschauen, sich auffädeln lässt? Zählt, was durchspült wurde, mehr als das Feste? Schlägt hier falsche Bewunderung durch? Etwas, das nicht dem Stein, sondern dem Herauslöser, dem Meer gilt? Könnte es sein, dass Auswaschungen, dass der Verlust von Substanz, den Rest wertvoller machen? Ja ... und mitnichten! Freilich, man frohlockt, sobald man darauf stößt. Vergisst im Affekt, dass *offen und hindurch* auch Bruch bedeutet. Wie schließlich steht es um die Standhaftigkeit, wenn bloßes Wasser sie in Frage stellt ...?

Die an Land, *die* Steine, die es raus aus dem Meer, die es schlicht nach oben schafften, scheinen argloser. Kein Schlagen, kein Rauschen und Wetzen. Steine wie sie ... liegen reglos. Sie sind weiß, von Farbe durchzogen, schwarz schimmernd – meist rundlich, aber auch scharf. Steine wie sie können schön sein, aber auch belanglos. Steine wie sie treffen oft aufeinander, schimmern durch pralles Grün, markieren die Grenzen des Betret- und Laufbaren, scheinen oder blitzen auf, wenn die Sonne genau das auslöst – ganz gleich, wie ihr Äußeres beschaffen ist.

Was uns so einfällt, könnten Steine längst in petto haben. Und das seit Urzeiten – mit ihren Wasch-, Roll- und Schiebezyklen, ihren Klemm-, Stoß- und Auftürmbegehren.

Was mag er empfinden, der Stein, er, der bei Ebbe trocknet und bei Flut benetzt wird? Er, der beim Aufheben einfach so in der Hand liegt. Nimmt er uns wahr, kann er sehen und zu uns sprechen, wird er zum Stein der Weisen, kann er uns steinreich ...?

Nein, sagt mein Nachbar, der Fantasielose. Alles Spinnerei!
Er hat Unrecht, mein Nachbar. Ihn, den Stein zu betrachten, ihm auf immer *neue* Weise zu begegnen, *ist* etwas – etwas,

das uns anspricht. Immer ein Spiel – immer diese Form, dieses Licht und dann Farbe.

Jetzt wieder Felsen, Steinmassive geschichtet, Klötze und Platten, die schief liegen. Gestein, das man auffordern möchte, sich zurückzudrehen, sich vorn sinken und dann stehen zu lassen. Ein Impuls, der sich unbewusst einstellt und doch nichts ausrichtet.
Schon seltsam die Konturen, die Gleitebenen! Wie spannend, sie so gekippt zu sehen. Wie schnell dann die Fantasie, die solcher Schräglage weitere Schrägen hinzufügt. Die das Beben beben, Faltung und Schiebung aufknirschen lässt.
Irgendwer muss ja schuld sein.

Ich will es nicht zuspitzen. Aber wer das Meer Tag für Tag *so* in den Fels schlagen sieht, wer den Wind rasend im Ohr spürt, wer die Gischt aufschäumen und heranspritzen sieht, der ist weiter. Weiter als der übliche Tourist, als einer, der spontan mal hier auftaucht und alles weiß. Gleichwohl hat auch *der* sein Gefühl. Freilich ein sehr anderes als der Einheimische – der nur noch Außergewöhnliches wahrnimmt: Nur noch die *noch* höhere Welle, nur noch den *noch* heftigeren Sturm, etwas, das alles hinwegfegen könnte …

UMBRUCH

*Zeit verliert sich wie Wasser, das
durch ein Sieb rinnt. Niemand
hält sie, niemand weiß ihren
Lauf zu bremsen.
Hier und da hoffen wir
auf nachsichtige Zeiger.
Doch die weisen meist auf uns ...*

War es ein Wink des Schicksals, war es Zufall oder die bewusste Freundesleistung, die meinem Leben einen neuen Impuls, einen neuen Start verpasste? Sicher von jedem etwas. Ich selbst war in diesen Monaten orientierungslos und wurde erst später, sehr viel später aktiv, in einem Moment, als das entscheidende Ausgangssignal bereits verhallt war. Der Fall der Mauer hatte mich neben Millionen anderer nicht nur in unbekannte Freiheiten gestürzt, er hatte mir auch eine Phase tiefen Elends beschert. Ich saß – nachdem mir mein Job als externer Gutachter zerbrochen war – mit Kurzarbeit Null, also ohne Arbeit mit vollen Bezügen in meinem Burgfelder Garten und paukte Englisch. Die Aussicht, in der Nähe meines Wohnsitzes einen neuen, fachlich relevanten Arbeitsplatz zu finden, hatte sich bereits vor Wochen zerschlagen. Ich würde mich ins Ausland, zumindest aber in den Westen Deutschlands bemühen müssen, um meinen oder einen vergleichbaren Job fortsetzen zu können. Das ist vorgegriffen, denn konkrete Ansatzpunkte für dieses Denken stellten sich erst später ein.

Im Juni bekam ich von der Firma Olpine, mit der ich fast zehn Jahre lang am Verhandlungstisch gesessen hatte, ein interessant anmutendes Angebot. Ich sollte als Projektingenieur in den Iran gehen, wo die Realisierung eines großen Industrieobjektes anstand. Der Gedanke, meine zersplitterte Restfamilie in großer Ferne zu wissen, schreckte mich. Zudem war die Anstellung befristet und bedurfte der Zustimmung des österreichischen Staates. Da es zunächst keine Alternative gab, wälzte ich entsprechende Fachbücher und verstärkte die Englisch-Paukerei. Das alles zog sich, sonnig und sehr heiß, bis in den späten Juli.

Dann plötzlich dieser Anruf aus meiner Ex-Dienststelle, oder konkreter formuliert, von meinem noch beschäftigten Ex-Freund Jo aus Berlin. Er tat etwas geheimnisvoll: Sein Chef – so raunte er – sei von dem Plan, mich einzuweihen, nicht begeistert gewesen. Er, Jo, habe sich aber darüber hinweggesetzt und wolle mich nun gründlich informieren: Da seien Leute aus Düsseldorf gekommen, die einen Redakteur für die Fachzeitschrift *Stall & Besen* suchten. Die würden jetzt testen, ob es in Ostberlin entsprechende Kandidaten gäbe. Das Beste wäre wohl, ich würde mich sofort in „Schale schmeißen" und anreisen.
Tatsächlich war die erste Zusammenkunft bereits für vierzehn Uhr geplant. Ich duschte, zog mich um und warf den Trabbi an. In Berlin angekommen, warteten schon mehrere Kandidaten auf die ungewöhnliche Runde. Die konstituierte sich sogleich, und Herr Claudius aus D. erklärte, was es mit der Stelle auf sich habe. Keiner der potenziellen Interessenten hatte je mit dem Journalismus, geschweige denn mit dem Fachjournalismus zu tun gehabt. Jeder aber glaubte, in dem Metier bestehen zu können – sei es, weil er ein gesundes Selbstbewusstsein oder aber den Knüppel drohender Arbeitslosigkeit im Kreuz hatte. Das erste Treffen endete damit, dass Claudius jedem der Anwesenden anbot sich zu bewerben, wobei verschiedene Papiere und Prozeduren beizubringen/zu beachten waren.
In Burgfeld machte ich mich sofort daran, die von Claudius geforderten Dokumente zu sichten und aufzubereiten. Lebenslauf, Zeugnisse, Tätigkeitsberichte und dergleichen wanderten in einen dicken Umschlag, der kurz darauf für die Post bereit lag. Worauf es aber vor allem ankam: Ich musste Claudius davon überzeugen, dass ich nicht nur in der Lage war, Angebotstexte oder Betriebsberichte abzufassen. Und dabei deutlich machen, dass ich die Sprache des Autors beherrschte – zwar nicht die eines Fachautors, wohl aber die eines – wenn auch kleinen – Literaten. Ich fügte den Fachunterlagen deshalb etwas Belletristisches bei, und zwar meine *Gratwanderung – schmucklose Szenen aus der Baugrube*. Eine Erzählung, welche einzelne Phasen meines Hausbaus in Burgfeld zum Inhalt hat. Gut möglich, dass Claudius' Entschluss, mich für den Job auszuwählen, ein wenig mit dieser

Prosa zu tun hatte. Ich konnte schreiben, und als Bewunderer Honeckers kam ich bei dieser Vita kaum in Frage. Politisch schien die Sache also auch sauber.
Die Österreicher, die mich für den Iran brauchten, hatten die staatliche Genehmigung bis zum Oktober 1990 nicht beigebracht. Sie glaubten, mich auch so für den Job festnageln zu können, und waren zutiefst beleidigt, als ich mich für Düsseldorf entschied. Aber Staub, Steine und Wüste hatten mich dann doch stark verunsichert. Auch der angebotene befristete Vertrag entsprach nicht meinen Vorstellungen. Ich brauche die Verbindung nach Hause, ein ordentliches Gehalt und die Festanstellung. In Düsseldorf wurden diese Bedingungen erfüllt.

Der Chef öffnet die Tür. Er tut es – wie schon dreimal zuvor – ohne anzuklopfen. Mir fällt Licht entgegen. Es ist ein diffuses, winterliches Licht. Ich stehe auf, gehe auf Claudius zu und gewahre hinter ihm einen Pulk von Leuten, der dem Chef folgt, sich erst zögerlich, dann aber strikt in meinem Zimmer ausbreitet. Ich stehe völlig unvorbereitet vor Leuten, die ich nicht kenne, wohl aber anlächeln könnte, sollte oder müsste. Keine Ahnung wie weit das hier geht oder üblich ist.
„Das hier können wir noch umstellen", sagt Claudius und schiebt einen kleinen Tisch in die Ecke, „kommen Sie mal!"
Claudius – noch einen Moment lang mit zwei Drahtbehältern („Manuskriptkörbchen") beschäftigt – dirigiert mich in die Mitte des Raumes. Erst leise, dann etwas lauter verkündet er meinen Namen, sagt, dass ich derjenige sei, der im Dezember der Frau X nachfolge. Dass ich aus Ostberlin komme, verschweigt er. Ich bin sicher, man weiß das.
Claudius zeigt zunächst auf die Dame im Vordergrund:
„Das ist Frau Jacobi. Sie macht das Layout. Sie korrespondiert mit der *Herstellung* und *Abwicklung*. Sie werden viel mit ihr zu tun haben."
Abwicklung? Ich lächle etwas schief, weil mich der Begriff düster an die Vorgänge in der ehemaligen DDR erinnert, werfe ein paar unverbindliche Sprüche um mich und blicke

mehr zur Decke als der Jacobi ins Gesicht. Claudius beginnt zu hüsteln.
„Das hier ist ihre Kollegin Kieselanton ... na, die kennen Sie schon ... und das Frau Dose, die Sekretärin ... "
„Aha, angenehm!" antworte ich, und Claudius hüstelt erneut. Schließlich greift er die Klinke und schiebt uns alle hinaus. Auch Woldiak, Chromes und Birnstock sind abzuklappern. Man sieht dem Chef an, dass er leicht genervt ist, aber das Vorstellen muss sein.

Birnstock steht sehr gerade. Er greift meine Hand, mehr täppisch als beherzt und grinst etwas.
„Ja", sagt er „das also sind Sie... na, dann wünsche ich Ihnen, dass Sie hier und überhaupt ... das wird Ihnen gefallen ... Ja, was ich sagen wollte ... dann viel Glück und gesegnete ... "
Nun, gesegnete, sagte er nicht, aber irgendetwas davon ist im Raum. Claudius nimmt seine Brille, die er kurz abgelegt hatte und setzt sie zurück auf die Nase. Er geht vor an die Wand und stellt sich direkt neben Birnstock.
„Heft 1", sagt er dann, greift in eine Art Tasche, die an der Wand festgepinnt ist, und zieht eine Karte.
„Der Text zur Besen-Schneidanlage ist wohl schon weg ..?"
„Ja, Herr Claudius", sagt Birnstock und blickt etwas traurig drein.
„Macht nix", erwidert Claudius, „ich zeig was anderes."

Am 16. Dezember, vierzehn Tage nach meinem Start in der Düsseldorfer Sohlstraße kommt Claudius mit dem ersten Fachmanuskript. Er zieht es aus der grünen Mappe, einem Ding, das ab heute zum Inbegriff meines Hierseins wird.
„Ich denke", sagt er mit freundlicher Offenheit, dass es ihnen zusagen wird, Herr Scheibentreter. Es geht um die Besenfirma in Oranienburg – ein Stoff also, der ihnen geläufig sein dürfte. Das Ganze wird ein Beitrag zum Stall&Besen-Tag.
Wohlige Wärme überkommt mich. Wieder eine Chance, denke ich. Die geben sich wirklich Mühe. Ein Fachartikel aus der Branche – den zu redigieren wird einfach.

Oranienburg – ein kurzes, melodiöses Schwingen, später ein Ziehen, das mein Denken umkramt. Bilder treffen auf, scharfkantig und sehr gemischt. Zuerst das Dienstzimmer meines Vaters – hell und bauchig im Rundbau des Verwaltungsgebäudes. Gegenüber dem Fenster, an der Rückwand die Federzeichnung eines Grobbürstenwerkes. Ein Vater sitzt dort und prüft Zahlen. Später die Vorderseite des flachen Backsteinbaus, die roten Ziegel und die gewölbten Fenster. Komisch, dass diese Erinnerungen zuerst auflaufen ...

Claudius hatte es gut gemeint. Aber offenbar nicht geblättert. Was er mir mit dem Text letztlich antut, muss ihm nicht klar gewesen sein. Er hatte blindlings meiner Affinität zum Thema vertraut. Etwas voreilig, wie sich schnell herausstellt. Hier ist etwas hingeknallt worden, das schon bei knapper Betrachtung bedenklich scheint. Der Beitrag ist voller Grammatik-Fehler und schiefer Formulierungen. Da muss Herr Dr. Schuler etwas zwischen jetzt und nanu aus der Hüfte geschossen haben. Da gab es nicht zehn Sätze in gutem West-Deutsch, da war vieles von Slang und Schnörkeln durchsetzt. Einfach unglaublich. Doch kaum, dass ich blättere und dies feststelle, überkommen mich Zweifel. War es meine Aufgabe, lag es in meiner Kompetenz, hier Tabula rasa zu machen, den Beitrag bis aufs Gerippe zu entfleischen und neu zu gestalten?

Lis Jacobi steht in meinem Zimmer. Besser gesagt: Wir beide – sie und ich – sind über Manuskripte gebeugt, die auf meinem Schreibtisch liegen. Sie erklärt, was ein Layout ist: Komposition der Bilder, das Zusammenspiel mit den Texten, Überläufe, Hurenkinder, die Sicht aufs Ganze. Einiges richtet sich jetzt, das meiste ist gut begreifbar, vieles erfordert Geschmack und den Blick des Geübten.
„Das braucht Erfahrung und Routine" sagt sie „manchmal meckert Claudius, aber meistens stimmt alles."
„Wenn Sie ihren Beitrag bearbeitet haben", fährt die Jacobi fort „entsteht in der Druckerei die Fahne. Die verklebe ich dann in Kombination mit den Bildern ... "

Und als hätte ich einen Hinweis gegeben, bestätigt sie: „Richtig! Das entstehende Layout müssen Sie dann absegnen ... bevor Claudius seine Nase reinsteckt ..."
„Soll ich früher oder später?"
„Sie können auch gleich", antwortet die Jacobi und lächelt dabei. Ich sehe ihre weißen Zahnreihen.
„Wo haben Sie das Layouten gelernt?" frage ich.
„Learning by doing", sagt sie „ich war bei mehreren Verlagen. Das, was Sie machen, habe ich übrigens auch mal versucht ... bei Liebesromanen. So etwas redigiert sich bei etwas Einfühlungsvermögen von selbst ... "
„Und vorher? Was haben Sie vorher gemacht?"
„Vorher war ich klein", entgegnet sie, und zeigt einsfünfzig vom Boden. Dabei lacht sie und deutet die Zöpfe an.
„Meine Mutter hatte Pech. Sie bekam mich, und dann war der Mann fort ... so ein Traummann ... wissen Sie?"
Bei *Traum* wirft sie sich etwas in Pose und flattert mit den Augen.
„Vorstellbar", sage ich „und weiter ..?"
„Meine Mutter gab mich zu den Großeltern – nach Eberswalde. Das müssten Sie doch kennen ... "
„Ja", sage ich „und dann?"
„Nach zehn Jahren holte sie mich zurück. Ich wusste nichts von Ost und West. Musste dann aber sehr schnell in diese Spießerwelt. Mit Stiefvater und lauter neuen Bälgern ... Ich hab' das gehasst!"
„Scheiße", sage ich „Kinder müssen alles ausbaden ... "
„Und Sie ..?" fragt die Layouterin „was ist bei ihnen kaputt?"
„Überall Schrott", antworte ich.
„Na, Ossi, nun erzählen Sie schon!"

Was dann geschieht, wird Ballade, wird Vorform meiner Groteske „geschrotet". Ich spüre, dass ich Mühe habe, den Schwimmring am Körper zu halten. Manches, was ich jetzt äußere, wird hier vor Ort nicht verstanden und einiges trotz oder mit gespielter Redseligkeit für dumm erklärt. Ja, ja, die Klischees sitzen, die Wertungen bleiben rudimentär. Mir sitzt noch der Marx in den Gliedern, was oft für Verwirrung sorgt. Sich unorthodox zu äußern, für wenig Passfähiges, Fremdes Verständnis zu erlangen, ist schwieriger als ein Denkmal zu stürzen. Hier im Verlag erwarten sie meine totale Entrümpelung. Aber *total* funktioniert nicht. Ich bin sicher, dass ich einiges aufbewahren muss. Was dazu gehört, weiß ich noch nicht.

Meine journalistischen Leistungen sind wenig spektakulär. Erst allmählich spüre ich die westdeutsche Lesart, erkenne, wann ich etwas aus dem Ostdeutschen ins Westliche übersetzen, wann ich auf Begriffe verzichten muss, die Claudius suspekt erscheinen.

"Sie sind hier zwar wie im Käfig", sagte er "in einer Art restriktiv verwaltetem Gemüseladen, ja ich betone, Sie könnten hier glatt abkotzen. Sorry. Nichts desto trotz bleibt Westen eben Westen – auch bei der Wortfindung. Drei Viertel der Deutschen wollen bei *Stall & Besen die* Sprache, die sie gewohnt sind. Verzichten Sie also auf DDR-typische Bezeichnungen, so Sie denn fähig sind, diese dingfest zu machen. Klappt das nicht, gibt's von mir das berühmte Streichkonzert."
Das war leicht daher gesagt, im Grunde aber eher bitter, denn ich erfahre bald, dass die Zahl DDR-spezifischer Worte in die dreihundert geht.

Mittags sitzen wir in der *Gartenlaube*, einem Lokal inmitten von Schrebergärten. Claudius hat mich eingeladen mitzugehen. Was dann heißt, dass wir vier sind: die Jacobi, meine Redakteurskollegin Kieselanton, Claudius und ich. Dass ich dabei bin, wird von den Übrigen wohlwollend zur Kenntnis genommen. Die Damen jedenfalls sind erfreut und alles andere als schüchtern. Beide drehen sofort auf und haben Claudius am Wickel: »Na, wieder abgehakt, Chef?«, frotzelt die Kieselanton, »möchte mal wissen, wann Sie die Haken bei uns machen ...«
Claudius schüttelt sich, lächelt etwas schüchtern. Er hat dieser ungebremst frechen Art nichts entgegenzusetzen. Ich würde da ebenso flapsig zurückschlagen, habe aber vorerst nichts zu melden.

Claudius tut, was ich später des Öfteren beobachte: Er reagiert selbstironisch:
„Ich tue gar nichts. Ich sitze und übe Häkchen, mal in rot, mal in blau, ganz so, wie das die Mitarbeiter von mir erwarten ..."
Schallendes Gelächter.
„Und das bei dem Bomben-Gehalt ..." feixt die Kieselanton.
Claudius nimmt hin, dass sein Schlapp-Ironisch nach hinten losgeht. Statt die Damen leerlaufen zu lassen, baut er erneut ihren Spott auf:
„Haken und Häkeln, das kann einen ekeln", flötet die Jacobi.
Claudius beginnt, mir leid zu tun.
„Nun ja", werfe ich deshalb ein, „außer den Haken wird's ja noch was Wichtiges geben ...."
Platte, freudlose Wirklichkeit. Scheibentreter zerstört den Witz. Schlagartig sind die Blicke auf mich gerichtet.
Is was, Ossi? Ich spüre sie förmlich, die Frage, blicke in die erstaunt aufgesperrten Seeschlitze unserer Damen und schaue dann Claudius an. Der weiß nicht, was er tun soll. Ja, es hat den Anschein, als suche er Deckung hinter seiner Brille. Aber vielleicht täusche ich mich, vermute daneben und interpretiere Schaum als Wellenschlag.
„Also hören Sie mal ...", sagt die Kieselanton und wippt ihren Fuß in meine Richtung. Aber mehr kommt nicht. Wieder ist Claudius gefragt. Beide Frauen haben ihn fest im Blick und gleichzeitig seinen Schlips im Visier.
„Etwas sehr rot", flüstert die eine „etwas sehr lang", ergänzt die andere. Dann plötzlicher Themenwechsel:
„Ihre Haare, Herr Claudius", ruft die Kieselanton „die könnten auch mal ne Beschneidung vertragen ..." Kurzes Zögern der Kiesel. „Oder nehmen Sie ne Brennschere?"
Die Jacobi gluckst laut: „Ja, ne Brennschere ..!"

Tage später bekomme ich hundert frisch produzierte Kurzinformationen. Sie stammen von Koffer-Lehmann. Ich soll gegenlesen, sprich: feststellen, ob alles koscher ist, und gegebenenfalls korrigieren. Das scheint einfach, kann aber auch in die Hose gehen. Noch kenne ich Lehman nicht, habe null

Informationen darüber, wo seine Stärken, wo seine Vorurteile und Sensibilitäten stecken. Ich weiß nur, dass er mit dem Koffer kommt – ein Satellit, ein freier Mitarbeiter. Wie nun sollte ich mit dem umgehen? Streiche, knautsche, korrigiere ich zu viel, könnte Lehmann sauer sein und Claudius einen falschen Eindruck bekommen. Tue ich nichts, glaubt man vielleicht, dass ich faul herumhänge.
Nun, ganz so extrem läuft es nicht. Immerhin habe ich bereits Ergüsse von Claudius gegengelesen. Das hat gut funktioniert. Der Chef ist flexibel und keineswegs nachtragend. Aber Lehmann? Am folgenden Tag wird Claudius deutlich:
»Alles ok. Sie hatten fast immer das richtige Gefühl«, sagt er „... und manchmal muss der Scheiß einfach weg, wir haben Termine, die Druckerei wartet", und nach kurzer Pause, „wenn's eng wird, helfen wir uns einfach gegenseitig. Wichtig ist, dass wir die Fehler finden. Hier wird nicht registriert, wer die Suche am erfolgreichsten abschließt. Maßgebend ist allein die Leistung des Teams."
Was Claudius befindet, ist kurz und knackig. Ich kann das gut nachvollziehen. Die oft schubweise anfallenden Arbeiten, die zuweilen absurd anmutenden Forderungen von „oben" und „draußen" können nur erfüllt werden, wenn alle an einem Strang ziehen – Redakteure, freie Mitarbeiter, Anzeigen-Akquisiteure und Sekretärinnen. Jedwede Querele wäre Gift.

Das Appartement, das mir Claudius in R. besorgt hat, ist nicht groß. Da die Möbel gestellt sind, fällt es schwer, etwas zu gestalten. Immerhin: die Wohnung ist gut geheizt. Das warme Wasser kommt aus der Wand. Was will ich mehr?
Ich empfinde eine wohltuende Ruhe, das Gefühl, aller Sorgen ledig zu sein. Zum ersten Mal seit fast dreißig Jahren spüre ich kaum Verantwortung, muss weder heizen, noch pünktlich zu Hause erscheinen. Dass es damit nicht getan ist, steht fest. Aber niemand formuliert das.
Die Abschottung gelingt nur teilweise. Zwar schließe ich befreit die Tür, wenn ich abends nach Hause komme, feuere die Klamotten in die Ecke, knalle mich in den Sessel, mache den

Joghurt auf und den Fernseher an, zwar spüre ich deutlich, dass weder Holz gehauen, noch irgendwo Gras gemäht werden muss. Doch je besser ich die Verdrängung des Vergangenen betreibe, desto intensiver schlagen die Korrekturen zurück. Dann, wenn ich stundenklang wachliege, dann, wenn ich träume. Denn Haus, Garten und Unkraut existieren weiter. Vegetieren irgendwo in der Ferne. Wollen dort, wo ich alles zurückließ, weiter bedient sein ... Scheiße!

Meine Tätigkeit im Verlag ist jetzt ständig mit gemeinsamen Mittagspausen verbunden, mit kleinen Treffs zu viert. Besagter Kreis ist der schon beschriebene: meine Redakteurskollegin, die Layouterin des Verlags und wir beide – Claudius und ich. Claudius kehrt auch bei dieser Gelegenheit den liberal-verständnisvollen Chefredakteur heraus, einen, der auf deutsch-deutsche Nähe drängt. Oder: Er ist tatsächlich der bewusst Freundliche. Auf jeden Fall wirkt er unaufdringlich. Ich bin ihm dankbar dafür. Auch die Frauen sind moderat gestimmt. Alles wirkt krampflos und lustig. So gesehen sind die täglichen Ausflüge in die Gartenlaube durchaus ein Gewinn. Gleichwohl ist alles in den wiederkehrenden Zirkus gebettet. Die Jacobi und die Kieselanton provozieren, während wir die Ziele abgeben. Ich eher weniger, weil ich nichts sage und nur im Augenwinkel stecke. Dabei scheint es so, als ob nur ein winziger Impuls, ein klein wenig mehr Vertrautheit fehle. Wäre beides gegeben, wäre auch ich dran. Noch aber herrscht ein wenig Distanz und Unschlüssigkeit. Lässt sich der Ossi auf die kleinen Manöver ein, beginnt er mitzuspielen? Oder bleibt er stocksteif im Aus? Die schnellen Sprüche sind angetan, genau das zu testen. Es hat den Anschein, als stecke mehr dahinter als bloßes Geplänkel.

18. Dezember: Bei mir klingelt das Telefon. Am anderen Ende: Dr. Schuler.
Ich melde mich: „Zeitschrift *Besenrein*, Scheibentreter ...".
„So, Scheibentreter, ... haben Sie mit dem Manuskript 725, Zirbelborste, zu tun?"

„Ja", antworte ich.
„Dann haben *Sie* die Fahne verunstaltet ...?"
Mein Gegenüber scheint in Rage.
„Was heißt verunstaltet?"
„Nun, diese völlig neuen Formulierungen, diese neuen Abschnitte in meinem Text!"
„Ja, ich hab' da etwas nachgebessert ..."
„Nachgebessert? Sie spinnen doch wohl!"
Die Worte verharren bizarr und böse in der Strippe. Für einen Augenblick herrscht totale Stille. Zeit für ein Millisekunden währendes Resümee:
Ich habe das Manuskript fachlich und grammatikalisch zurechtgerückt. Es geht um Oranienburg – um die Mappe, die mir vor Wochen aufgefallen war und dann in Bearbeitung ging. Schuler hat diesen Text erstellt, der nicht nur von der Form her, sondern auch – was Ausdruck und Begrifflichkeit angeht – mehrere Fehlstellen aufwies. Das aber will er nicht wahrhaben.
„Hallo, Herr Scheibentreter, hallo ..! Ja, sind Sie noch da?"
„Ich höre, Herr Doktor Schuler ..."
„Das ist mir in meiner ganzen Laufbahn noch nicht passiert."
Hier überschlägt sich seine Stimme, und ich spüre förmlich, wie der Hals weiter anschwillt.
„Sie erdreisten sich, hier alles umzumodeln, ganz neue Zusammenhänge herzustellen. Wenn das wenigstens besser wäre – ich meine: von der Formulierung her besser wäre – was Sie da auskauen. Aber es ist sehr viel schlechter. Immer wieder taucht diese blöde *Rekonstruktion* auf. Wissen Sie eigentlich, was das ist: Rekonstruktion?"
Hier stoppt sein Redefluss, und ich habe die Chance, kurz dazwischen zu fahren:
„Modernisierung, Herr Schuler!"
„Unsinn, Scheibentreter. Rekonstruktion ist die Wiederherstellung des ursprünglichen Zustandes. Und Sie wollen mir doch nicht einreden, dass man das in Oranienburg vorhatte ...."
„Herr Doktor Schuler, ich bitte um etwas mehr Sachlichkeit. Über den Begriff *Rekonstruktion* können wir selbstverständ-

lich reden. Der wurde überall in der DDR verwendet, und wenn Sie meinen ..."
„Ja, ich meine ..!"
„Kommen wir zum Gesamtwerk, Herr Schuler. Dass ich bestehende Zusammenhänge in ihrem Text verändert habe, stimmt nicht. Nur in einem Fall schien mir, dass Sie falsch geschlussfolgert haben ..."
„Wie bitte?"
„Nun, ich kenne die Situation in Oranienburg ..."
„Larifari, es geht hier nicht ums Auskennen ... es geht um die Authentizität der Texte. Ich möchte, dass die von mir genannten Fakten fehlerfrei in Druck gehen."
Schuler räuspert sich heftig und schnauzt weiter:
„Wenn Sie nicht umgehend auf den Originaltext zurückkommen, dann führe ich Beschwerde. Ich kann diesen Artikel auch woanders veröffentlichen. Sie müssen nicht glauben, dass Sie der Einzige sind."
„Nicht doch, Herr Dr. Schuler", versuche ich einzulenken „so lösen wir das Problem nicht. Ich schlage Ihnen vor: Rufen Sie meinen Chef an. Der sagt Ihnen, wo der Schuh drückt, und dann reden wir weiter ..."
„Gut", sagt Schuler, und seine Stimme klingt deutlich friedfertiger „das werde ich tun."

Claudius grinst mich an. „Unfälle sind zu Anfang vorprogrammiert. Da treffen Übereifer und eitle Befindlichkeiten schnell aufeinander. Jeder versucht das aus seiner Sicht Beste, und dann kracht es ..."
„Wie?"
„Nun, unsere Kunden – ich meine die Damen und Herren aus der Besenindustrie – erwarten von uns, dass wir ihre Ergüsse schnell und schonend befördern. Alles andere ist unerwünscht .."
„Heißt das, dass ich jedem Kauderwelsch einfach zustimmen muss ...?"
„Kommt drauf an. Dem vom Vorstand schon ..."
Claudius grinst erneut.

„Gequirlte Scheiße habe *auch ich schon* auf Eis gelegt. Ich meine Manuskripte, die auch beim Draufkotzen nicht gar werden. Meist stammen die von kleinen Abteilungsleitern, von Leuten, die hier nie Alarm schlagen würden ...."
„Und die fragen nicht nach?"
„Schon. Die fragen auch mehrfach, aber ich sage dann immer, dass im aktuellen Heft kein Platz war. Nach so zwei Jahren hat sich der Fall erledigt ..."
„Und dann?"
„Dann geht's in den Rundordner ... "
Claudius macht die unmissverständliche Geste des über die Schulter Schmeißens. Dabei strafft er die Lippen und pustet: „Na ja, irgendwann ist das so ... "
Ich muss lachen.
„Und bei Schuler?"
„Schuler liegt so dazwischen. Er soll fachlich ganz gut sein, schreibt aber nur mittelprächtig. Da er bei der Vereinstochter *Werksforschung* arbeitet, sollten wir nachsichtig sein.
Bei diesen Worten lässt Claudius ein kurzes, gackerndes Lachen ertönen. Schließlich setzt er hinzu:
„Bei den Großkopfeten lassen Sie *das*, was da steht, einfach stehen oder fassen – besser gesagt – nur *das* an, was zum Himmel stinkt. Falsche Grammatik und so ... Im Grunde sparen Sie Zeit."
„Wenn das so gewollt ist ... "
„Ganz im Ernst", fährt Claudius fort „der Eingriff in Formulierungen ist immer problematisch. Sie nehmen dem Autor etwas von seiner Individualität. Wenn Sie Schachtelsätze auflösen – gut, wenn Sie Ungereimtheiten oder Widersprüche entwirren – ok. Doch selbst hier gibt es Graubereiche. Da empfiehlt es sich, den Autor anzurufen, den Quatsch mit ihm durchzukaspern und einen gemeinsamen Nenner zu finden. Sie verstehen, was ich meine ... "
„Ja!"
„Sie dürfen den Leuten also keinesfalls ihren RedakteursStil aufdrücken. Da entstünde, weil Sie nur Passagen beeinflussen würden, ein entsetzlicher Mischmasch ... "

„Irgendwie logisch ..." entgegne ich „Ich muss an dieser Stelle erst mein Gleichgewicht finden ..."
„Ok, ich denke, das klappt mit der Zeit. Sie sollten es auf Beschwerden besser nicht ankommen lassen. Sind sie an dieser Stelle stur, dann ruft irgendein Bekloppter den Halbgott an, und der pinkelt von oben."
„Gut, Herr Claudius, ich bereite den Rückzug vor ...."
„Nicht den Rückzug", sagt Claudius „das *konstruktive Vorwärts* ..!"

Es ist Januar. Der grauschwarze Baum vor meinem Fenster streckt gespenstig seine Zweige.
Claudius ist aus dem Urlaub zurück, ich selbst hocke etwas lustlos vor meinem Schreibtisch. Wieder werden Manuskripte bewegt, wieder wird die Post auf neue Zusendungen gecheckt. Wieder wird ein Blatt geboren, und der Zeitschriftenstapel um Nummer X angereichert.

Vieles geht jetzt schneller, da die Systematik klar ist. Fast alles ist eingefahren und wird zur Routine. Ich besuche jetzt Pressekonferenzen, die „Tossenflöte" steht an, die Hüschs und die Kropps wollen besucht sein und auch die Kluckners. Bei einigen Namen graut mir, doch für nostalgische Amplituden ist kein Platz. Es geht allein um Besen und nicht um Fremdarbeiter. In der Branche läuft es gut. Ein wahres Feuerwerk von Erfolgsmeldungen drängt durch Äther und Printmedien. Wettbewerb und Prosperität verhätscheln einander. Er verklärt sich und schmiert sich zu – der neu gewonnene Horizont. Hier konsolidiert sich, was anderswo kaputtgeht. Hilfe wird problemverstöhnt, und der Osten ist weit. Was zählt, sind Besen, die Besen der Freiheit. Ja, der Stall macht mobil. Er agiert weltweit, vor allem aber nordrheinwestfälisch, und er zeigt, was jenseits der Elbe wegmuss. Die dazugehörenden Vorstände und Geschäftsführer wirken distinguiert und vornehm. Ihre Anzüge sind schwarz und wenig verräterisch. Die Herren nicken freundlich, wenn man sie anspricht, und sie gehen davon aus, dass auch wir nett schreiben. Das freilich ist unsere Pflicht. Wir arbeiten in einem „Tendenz"-Unternehmen. Da scheißt man nicht ins eigene Nest, da revoltiert man nicht, und wenn man ballt, dann in der Hosentasche. Wer cool ist, verzieht die Miene nur dann, wenn auch andere verziehen. Wer das ausschlägt, fällt auf.

Meine Kollegen von den großen Wochenzeitungen sind ebenfalls präsent. Sie pendeln zwischen den Bossen, die sich hier und da herablassen, etwas abzulassen. Sie pendeln zwischen den Vorständen und den Pressesprechern, wobei Letztere hier und da kleine Finten in der Bilanz erklären, ansonsten aber zumachen.

Irgendwann wird die anstehende Referenz-Reise diskutiert, ein Trip, den der Konzern für eine Schar potenzieller Texteschreiber in Brasilien organisiert, weil dort – na man ahnt das schon – die neue exportierte BürstHexe ihren ersten Auswurf versucht. Leute wie Claudius und ich stehen nicht auf der Liste. Leute wie Claudius und ich bleiben vor Ort. Uns „eingemeindeten" (also zur Branche gehörenden) Redakteuren muss das Leckerli Rio nicht angetragen werden. Uns hat man bereits im Kasten.

Offiziell heißt es natürlich, dass wir hier gebraucht würden, dass wir das exotische Equipment auch ohne direkten Kontakt – also ohne diesen Blick auf die Praxis – recht lieb beurteilen könnten.

Kurz und knapp: Wir leben und arbeiten in einem Tendenzunternehmen. Wir gehören zu einem Verein, der von der Industrie finanziert wird. Sein Name: „Besenfrisch". Alle Herren, die hier auftreten, sprechen gut Deutsch, vermeiden Aluminiumbesen, verweisen auf die Erfolge bei der CO_2-Reduzierung und fordern billige Energie. Sie stehen auf Atomstrom, den sie umweltfreundlich und sicher nennen, und sie loben die neuen Kehrmaschinen, die – dank neuer Steuerung – sehr viel cooler kehrt machen.

Bei all dem kann auch ich freudig zustimmen. Die nanoverstärkten Borstenbügel sind zweifellos zukunftssicher. Auch ich breche eine Lanze für sie – wenn es sein muss, täglich.

Rudolf – er ist hier mit Familie. Es ist das zweite Mal, dass er mich besucht, um im Bypack Gespräche zu führen.
Im Sommer hatte er ein Seminar vorgeschoben. Jetzt ist es die Messe im benachbarten K.

Der letzte Kontakt mit dem Verein war vielversprechend verlaufen: Bittburg und Holländer hatten ihm Avancen gemacht und bunte Kreise gemalt. Ein Mann wie er, hatten sie gemeint, ein ostdeutscher Borsterich, so ein Kapullendimensionierer, so ein beeindruckender Wisser um die Dinge, die man netzplanen müsse ... nun ja, sagten sie, der müsse einfach mit dabei ..., auf den könne man richtig scharf sein ...
Die Worte *Kommandowirtschaft* und *Prärie* hatten sie bewusst ausgespart. Aber dann sehr deutlich davon gesprochen, dass sie fachlichen Nachwuchs bräuchten. Und wenn der im Osten zur Verfügung stünde ...
Dass diese Ossis auch preiswert sein müssten, sagten sie nicht. Aber Rudolf hatte genau das auf ihren Stirnen gelesen – auf Projektionsflächen, die mal gespannt, mal in Falten waren.
Heute steht Rudolf erneut hier und müht sich, etwaige Zweifel zu zerstreuen. Er geht in die Sinn-Straße 17, lässt sich vom Lift in die vierte Etage kutschieren und sucht das Personalbüro auf. Dort sitzt er drei volle Stunden.
Als er um halb vier den weiß-braunen Bau verlässt, ist er leicht euphorisch.
„Perfekt gelaufen, die nehmen mich ...", sagt er und man sieht ihm an, dass er glaubt, was er sagt.
Zwei Wochen später geht die Absage bei ihm ein. Dass er Maschinen konstruieren kann, mag die Entscheider beeindruckt haben. Ausschlaggebend war etwas anderes: Rudolfs Alter. Sie haben ihn abgeschoben, schon wissend, dass sie aus dem gleichen Betrieb zwei Jungingenieure einstellen würden. Beide zusammen für genau das Geld, das sie Rudolf hätten zahlen müssen.
So zerschellen Träume. Rudolf muss zurück ins AbwickelLand. Ins Minenfeld, wo er sanft auftreten, ausweichen, in jedem Fall aber drinbleiben muss – ganz nach marktwirtschaftlichem Belieben. Rudolf darf sich erneut ins Zeug legen, das Zeug zeugen oder es sein lassen – so lustvoll ist Freiheit. So planvoll geht alles den Weg der billigen Werkbänke, so vital wachsen die Müllberge. Und an den Scheiterhaufen des Alten läuft Wut in die Adern.

Tatsächlich ist Rudolf mehr als entsetzt. Er begreift die Brutalität der Ökonomie und verflucht die Fallensteller. Und an mich gewandt, rülpst er: „Hauptsache, du fühlst dich wohl". Keine Ahnung, wie er das meint, mein Freund. Ich bedaure natürlich, dass das mit dem Job nicht geklappt hat. Ich hätte ihn gern hier gehabt – in D. Muss ich mir jetzt Gedanken machen, weil mir gelang, was ihm verwehrt wurde ..?

Die Kieselanton hat Claudius am Haken. Ist sie verliebt, ist es Kalkül? Man wird es nicht feststellen können. Der äußere Eindruck ist glaubwürdig, und man möchte ihm folgen. Doch die Dame spielt verrückt, und das irritiert uns. Sie lebt ihre augenscheinliche Verknalltheit und tut einen Teufel, das zu verbergen. Ihre Reden sind unverblümt. Sie spreizt sich gegenüber uns Gartenlaubern, und mit der Jacobi geht's gar ans Eingemachte: *Wenn der auspackt ...*

Claudius scheint irritiert. Es entsteht der Eindruck, dass er alles viel später begreift als sein Umfeld, und es bereitet Mühe, ihm die Vermutung vorzuenthalten. Claudius ist sensibel, er ist verletzbarer als wir ahnen und im Grunde nicht vorbereitet.
Die Kieselanton aber kennt kein Pardon. Wir glauben manchmal, dass sie Nägel einschlägt um festzunageln. Häufig hat sie diesen lüsternen Zug im Gesicht. Häufig wird sie platt und deutlich. Bei einem Meeting greift sie Claudius auf die grüne Umlauf-Mappe, rutscht ab und landet auf seinem Schenkel. Der Getroffene schreckt auf.
„Wat soll dat denn?"

Zwei Tage vergehen, dann klickt es auch auf der Gegenseite. Claudius ist jetzt auch verliebt – und damit jedweder Welt entrückt. Sein Arbeitszimmer wird – man mag es nicht glauben – schlagartig ein Good-will-Haus, seine Möbel tanzen. Dinge, die jahrelang vor sich hinlagen, geraten in Bewegung. Alles wird bunt und vieldeutig, jedwede Finsternis ist out und der Dreck landet im Rundordner. Wünsche keimen, ein Verlangen verlangt sich und der magere Specht auf dem

Kalenderblatt löchert: Wie geht dieser Tag in die Jahre?

„Hab ich's nicht gesagt", tönt die Kieselanton „Claudius hat die einszweiundachtzig. Er ist fünf Zentimeter größer als der durchschnittliche deutsche Chefredakteur. Und nichts deutet auf Hagernis hin ... "
Claudius strahlt, wenn sie so spricht. Claudius hat TOP-Laune. Es fehlt nur, dass er singt. Er arbeitet jetzt im Stakkato, er wirft jetzt mehr über die Schulter als je zuvor. Die Gedanken springen, und es scheint, als seien sie schon gedruckt. Manchmal höre ich leise Schreie, manchmal das Kichern der Kieselschen Gackermuschel, immer mal das heftige Gebaren vermuteter Leiber.

So dreht sich das. So flötet der Chef, was meine Kollegin an Noten hergibt. So wird es über Flure und Gänge ruchbar: Claudius und die Kieselanton. All und jeder schwätzt irgendwann darüber. Claudius juckt das nicht.
„Sollen sie kommen", sagt er "wir haben eine Beziehung und basta!"

Wir schreiben den 10. Juli. Sieben Monate nach meiner Übersiedlung ist er da – der Katzenjammer. Ich liege auf meiner Synthetik-Matratze und starre an die Decke. Das blassbraune Viereck erscheint an diesem Abend noch trostloser. Ich habe Mühe, mich mit ihm aufzuhalten. Dann aber bricht der ganze, bisher verdrängte Kram durch: Burgfeld, das verlassene Haus, der Garten, der jetzt vor sich hin verwildert – biotopisch einsam. Und Hubert, der Freund, der nie anruft, obwohl er doch versichert hatte. Und Monika, die jetzt in Westberlin ...
Hätte doch wenigstens Hubert .... Irgendwie habe ich immer geglaubt, dass Freundschaft von Dauer ist, keine Sache, die Fragen stellt oder Orte diktiert. Sondern etwas, das da ist, einfach dauerhaft da.
Stattdessen die Enttäuschung. Die Wende zeigt ihr schmerzhaftes, ihr abgerissenes Antlitz. Menschen verlieren einander, werden Opfer von Entfernungen, von Autobahnkilometern. Und ja:

Entfernungen löschen, was uns lieb war. Doch das gestülpte Gestern schafft auch Klarheit, bringt Unausgegorenes zur Entscheidung und zwingt zur Bewegung. Wir dürfen einmal mehr nachdenken – auch über unsere Nächsten.
Das mit der Freundschaft läuft zweifellos anders, wenn der Eine, in der Heimat Verbliebene, jemanden hat, der die Härten abmildert. So ein Pärchen vernimmt die Rufzeichen vom Rhein wie fernes Leuchten. Auf das erst dann reagiert wird, wenn spitze Fragen dazu kommen. Gewiss: Auch der eigene – auch der Hubert-Alltag – ist beschwerlich, der neue Job anspruchsvoll, und dass Nora, die eifersüchtige Tucke, mich immer schon loswerden wollte, erklärt manches.
Dennoch: Es tut verdammt weh!

Heute kommt die Jacobi zu mir. Wir duzen uns inzwischen, was irgendwie normal ist. Sie zeigt mir den Umbruch von Heft 9 und grinst frech. Nicht etwa wegen der anstehenden Arbeit. Offenbar geht es um Claudius & Co..
„Du glaubst es ja nicht", flötet sie, die kommen jetzt richtig zur Sache, und die Elfi (sie meint die Kieselanton) ist ganz begeistert vom gemeinsamen Redigieren ..."
„Was, die gehen zusammen in die Texte rein ..?"
„Die gehen zu zweit rein und kommen gebügelt raus."

Es geschieht, was geschehen musste: Claudius reagiert, oder er lässt sich einwickeln. Er gibt den ChefredakteursPosten für Stall&Besen an die Kieselanton ab und zieht sich selbst auf die englischsprachige FPT zurück. Zunächst scheint es, dass mich diese – ich denke mal „liasonbedingte" – Verschiebung wenig berührt. Denn beide – sowohl Claudius als auch die Kieselanton – beteuern, dass sich arbeitsmäßig nichts ändert. Was im Grunde zutrifft, denn beide sind trotz der neuen ChefLage weiter mit dem Redigieren von Texten beschäftigt. Allerdings bekomme ich jetzt Anweisungen von beiden, denn Claudius korrigiert andauernd, was die Kiesel – eben noch unerfahren – falsch anweist. Da standzuhalten, kostet Kraft, zumal sich die Kiesel plötzlich auch mir gegenüber profilieren möchte. Claudius lässt das zu. Mehr

noch: Er macht einfach mit. Er versucht zwar, fair zu sein, unterliegt aber ständig dem Willen seiner Gespielin. Mit der, und offensichtlich auch auf deren Wunsch hin, hat er jetzt die Arbeitsbereiche neu geordnet. Hiernach soll der gesamte Vorbürsten-Bereich bis zum fertigen Borstenbügel von Claudius und der Kieselanton bestritten werden, während mir die Einzelborsten und der kalte Rest, also die Weiterverarbeitung, zufallen. Mir schwant sofort, was dahintersteckt. Die beiden pflegen ihre Steckenpferde, nehmen sich das, was innovativ scheint und Spaß macht. Vor allem das Beborsten hat es ihnen angetan. Der Zufall will es, dass auch ich mich mit dieser Technologie befasst habe – zwei Jahre lang und das täglich. Der Zufall will es, dass ich das Beborsten nicht nur mit westdeutschen, italienischen, österreichischen und japanischen Firmen diskutiert habe, sondern auch bei Pilotversuchen selbst anwesend war. Mein Unglück: Niemand hier nimmt mir das ab. Es scheint absurd, dass ein EX-DDRler bei derartigen Innovationen auf dem neuesten Stand ist und dann noch den Eindruck erweckt, als wolle er bei fachlichen Zuständigkeiten rumnörgeln.
Wie auch immer: Die Deutungshoheit über redaktionelle Aufgaben liegt beim neuen Duo. Damit muss ich klarkommen.

Fast zwei Jahre sind vergangen. Die Treffs in der *Gartenlaube* haben sich ausgedünnt. Auch in den *Krokofanten*, den wir später immer mal aufsuchten, geht niemand mehr. Mein Verhältnis zu Claudius und zur Kieselanton ist leicht gefroren, das zur Jacobi bleibt freundschaftlich.
Mit Claudius spreche ich jetzt weniger – was in Sache und Unterstellung begründet ist. Ab und zu treffen wir doch aufeinander. Er gibt fachliche Ratschläge, ist freundlich und versucht, Misstöne zu vermeiden. Anders die Kieselanton: Sie rüttelt schon mal am Kahn und stänkert. Vielleicht spürt sie, dass sie fachlich zu dünne Bretter bohrt.
Keine Frage, da ist schlecht, will sagen: unfair sortiert worden. Von Menschenführung jedenfalls hat sie keine Ahnung. Woher auch? Da die Dame ihren Ehrgeiz dennoch ausleben will, macht sie anderweitig Betrieb. Mit einem Selbstbewusst-

sein, das auf die veränderte Struktur zurückgeht, kommandiert sie. Ihr Habitus hat etwas Diktatorisches. Fühlt sie sich durch mich bedroht?

12. September 1996: Claudius kommt in mein Zimmer gerannt. Er ist kreidebleich. „Was haben Sie sich dabei gedacht?" brüllt er und schmeißt mir den Andruck zu *warm verholzten Stockbürsten* auf den Tisch.
„Worum geht es?" frage ich verdattert.
„So etwas hat es bei uns noch nie gegeben. Sie schreiben – ohne mich zu informieren – einen eigenen Text, und der hat zwölf Druckseiten ..!"
Jetzt begreife ich: Das von mir verfasste Manuskript tut weh. Und er schiebt den Umfang vor. Wahrscheinlich stört ihn, dass ich mit dem Text im Fachbereich der Kieselanton gewildert habe. Und vielleicht hat er Vorbehalte, weil ich den Fachartikel gegen Honorar erarbeitet und dann auch noch mich selbst als ersten Autor eingesetzt habe. Das wirkt auf den ersten Blick – ich gebe es zu – etwas anmaßend.
Aber ich entschärfe: Unser Haus, aber auch die Auftraggeber, die Leute von *Frauesfrau* hatten dem zugestimmt. Immerhin ist die vierseitige theoretische Abhandlung, die ich dem Anlagenreport vorangestellt habe, mein geistiges Eigentum – das Ergebnis meiner zehnjährigen Tätigkeit auf diesem Gebiet.
Claudius scheint diese Zusammenhänge nicht zu kennen. Er hat sie nicht wahrgenommen oder nicht wahrnehmen wollen. Er ist angesichts der Länge der Ausführungen verärgert. Vermutlich muss ich nachjustieren, meine Mutmaßungen zurechtschrumpfen. Was den Umfang der Abhandlung angeht, so liegt er zweifellos richtig. Der könnte bei anderen Autoren sauer aufstoßen oder ähnliche Begierden auslösen. Jetzt also gibt es diese zwölf Druckseiten, und Claudius schäumt.
„Ich habe Ihnen vertraut, Scheibentreter ... und bekomme jetzt den größten Ärger. Hier fehlt jede Verhältnismäßigkeit, das ist gegen die Regeln ..."

„Tut mir leid", antworte ich – aber ohne innere Entsprechung. Mir ist zum ersten Mal völlig gleich, was Claudius denkt. Ich bin einfach nur egoistisch – ganz sicher auch deshalb, weil ich in der DDR nie Gelegenheit hatte, so dezidiert zu veröffentlichen. In meinem Innern flackert ein fröhliches Feuer: Das hier lässt sich nicht mehr zurückdrehen.
Tatsächlich erscheint der Beitrag im nächsten Heft, und ich bin verdammt stolz, ihn verfasst zu haben. Besonders prickelnd: Claudius muss den Text auch ins Englische übertragen und bei FPT veröffentlichen. Das gibt dann zwei separate Beiträge … in sogar zwei Heften. Per aspera ad astra!

Eingebildet oder nicht: Die Rache folgt auf dem Fuße. Sie ergießt sich an einem Mittwoch, dem Tag, an dem die Kieselanton die Redaktionssitzung abhält. Ein Treffen, zu dem alle – auch die beiden Sekretärinnen – geladen sind.
Die Sache beginnt unverfänglich, mündet dann aber in die seltsame Tagesordnung. Die Chefin will diesmal weder über den Arbeitsfortschritt, noch über Akquisitionserfolge oder Reklamationen diskutieren. Nein, ihr Thema ist die Arbeitsdisziplin, und ausgerechnet da hat sie mich am Wickel. Nicht etwa, weil ich irgendwie fahrlässig gestempelt oder privat telefoniert hätte. Nein! Sie hat es auf meine Ablage abgesehen, letztlich auf meine Bleistifte, von denen sie meint, dass sie nicht ordnungsgemäß angespitzt und untergebracht seien. Das liege in meinem Kramladen wie Kraut und Rüben.
„Ich lege meine Bleistifte so, wie es mir passt!" sage ich.
Vernehmbares Schnaufen bei der Kieselanton, ein Gesicht, das rot anläuft.
„Sie werden die so legen, wie es hier Vorschrift ist ..!"
„Werde ich nicht ..!" gebe ich zurück.
Böse Blicke der Kieselanton, Ratlosigkeit bis zum Atemstillstand. Aber Unterwürfigkeit ist mein Ding nicht – auch nach vierzig Jahren DDR nicht.
Was jetzt im Lautlos tobt, ist Sandkastenkrieg, ist Wut über den verlorenen Groschen, über die verloren gehende Hoheit, meine Legebatterie betreffend. Kaum zu glauben, aber auf

dieses übertriebene Ordnunghalten reduziert sich das, was meine Chefin – aus welchem Grunde auch immer – zusammengekocht hat und jetzt ungebremst ablässt. Ich schüttele den Kopf, sie starrt mich unverwandt an. Das Restteam sitzt unbeweglich. Die Sekretärinnen haben ihren Blick nach unten gerichtet. Claudius blickt starr an die gegenüberliegende Wand. Dass auch er schweigt, ist befremdlich. Ich kann nicht glauben, dass er *der* ist, den ich kenne.

Sechs Wochen später bin auch ich Chefredakteur. Der Verlagsleiter hat eine Zeitschrift dazugekauft und mich mit deren Führung beauftragt. An der Art und Weise, wie ich meine Stifte anstifte, hat sich nichts geändert.

Elf Jahre später: Claudius erscheint mit der Kieselanton zur Vorstellung meines ersten Buches. Er ist freudig erregt und überaus redselig. Wir bieten einander das Du an.
Zwei Wochen später schreibt er eine tolle Rezension auf mein Buch, etwas, das ich auf meine Website stelle. Ich verwerfe schlagartig alles Rückwärtige und bedanke mich.

2010 steuert Claudius über dreißig kleine Cartoons für mein drittes Buch bei. Er tut das, obwohl er den Inhalt der Abhandlung nur zum Teil billigt. Eine großmütige Geste.

2012 tritt Claudius unserem Literaturkreis bei. Wir erfahren, dass er seit langem Kurzgeschichten und Gedichte schreibt. Er liest in unserer Kultkneipe und tritt mit eigenen Zwei- und Drei-Personenstücken auf. Wir sind oft zusammen und verstehen einander. Ich umarme die Kieselanton mit wutentbrannter Entschlossenheit, wann immer sie auftaucht. Sie ist jetzt Claudius Frau und damit ... auf Dauer in Sicherheit.

AUSGEDÜNNTE GEDICHTE

Sommer im Hof

Früh,
wenn das Zwitschergeläut
mich aufweckt,
liegt er noch im Dunkel,
der Hof.
Tauschwer wiegen die Rispen
und das Mondrad schlägt
letzte Purzelbäume.

Später,
wenn der Lichtschein
die weiße Mauer erreicht
und die Schwarzdrossel
ihren hektischen Flug
ins Efeu aufnimmt,
gelbt sich
das Mädchenauge.
Violett rankt Clematis
in den Tag
und das Buschrosengesträuch
wiegt rotfarben
im Morgenwind.

Einmal gurrt
die Taube
im Fichtendunkel,
stürzt ab sodann
ins Felsengebirn.
Pickend und schluckend
am Kugelrot
wiegt sie
den schwankenden Grund.
Fortwährend surrt es
an den Glasscheiben

der Überdachung.
Hummeln wetzen
ihre samtenen Leiber
am unbegreiflichen
Nichtdurch und Nichtweg.

Mittags, wenn die Hitze
die Hortensienblüten
schlapp macht,
herrscht Schweigen.
Nur vereinzelt ächzt
ein Brett, ein Balken
im Holzgeviert.
Allenfalls die Fische im Teich
trotzen der Glut.
Doch auch ihre Bahnen
scheinen kürzer,
ihr Flossenschlag
mäßiger
als im Frühtau.

Wenn der Hibiskus
in den Schatten gerät,
ist es Nachmittag.
Noch flirrt die Hitze
vom Pflaster, noch lehnt der
Federmohn müd
am Bambusgeflecht.

Doch bald schon wächst
der Stockrosenbusch
ins Sonnenbad.
Nur Tage noch,
bis er aufbricht
in rot und sattgelb.

Hier im Hof
ist alles Samt,
alles Sommer,
all-land
und allfreud.

Erst wenn
der Abend kommt,
wenn die Sonne
ihre Rotstreifen
übers nachbarliche Dach schiebt,
dann taumelt er aus,
der Tag.
Die Luft,
sanft und vollmundig
küßt unsere Haut.

Welch ein Glück,
dass der Hof,
kleineckig und verblümt,
das hergibt:
Sinn und Hoffnung,
und Andacht.
Erst die Schatten der Nacht
am Rotweinglas
lassen ahnen,
dass alles
auch
stürzen könnte ...

Loire

Weiter,
inselgebärender,
inselertränkender Strom,
wie lieblich
teilst du
die Welt
in Geburt
und Vergessen!

Grüngeschlängelte,
ufersuchende,
uferverlierende Schöne,
wie heftig
haderst du
mit dem Heute!
Wie spottest du
der Kanäle!

Sprudelnde,
blaubetuchte
Unbefahrene,
wie kraftvoll
umschiffst du
die Meute,
die dich
ertrocknen will!

Untiefige,
stromschnelle Liebste,
du lächelst.
Wie aber
willst du
meine Liebe bewahren,
wenn deine Nähe
so fern wird?

Wieder
hat der blasse Mond
sein Gesicht
meiner Seele aufgedrängt.
Wieder hat er diese Nacht
mit der Helle seiner Meere
sich ins Bett zu mir gehängt.

Was ist,
wenn wir morgen
Wasser füllen
in dieselben?
Macht er dann
ein Blaugesicht,
statt mich immer
wach zu gelben?

vorbei

Ich wollt'
Dir Antwort geben,
doch Du warst
schon fort.

Ich wollt'
Dich fragen,
doch Du kamst
meiner Frage zuvor.

So asynchron
verbringen wir
unsere Zeit:

Immer fragwürdig,
nie
um eine Antwort

verlegen.

Aus dem Glashaus an euer Schmelzfeuer

Ich komme
aus dem Glashaus,
einem Refugium,
das ihr als solches ablehnt,
das euch durchsichtig scheint,
wohl aber
BILDgetrübt
verdammt ist,
auch jetzt noch
euren Blick fehlzuleiten.

Anfangs
glaubte ich,
dass dieser Blick echt war,
dass er eindringen wollte
in die Abgeschiedenheit
unserer Lichthöfe,
schon hoffend,
dass er andauern,
dass er aufrufen würde
zu schlichter Umarmung.

Heute weiß ich,
dass diese
Sehnsucht blind,
die Erwartung
falsch war,
eingestellt auf
Freude,
statt auf Feuer,
in denen ihr
Glashäuser
einschmelzt.

(1990)

Irrtum

Wie Narren
geistern wir
durch die
Spielzeugläden
der Geschichte.
Suchen Eulenspiegel
und Pinocchios

Doch was
wir finden
sind Dolche,
sind güldene Becher

so schwarz
von Gift.

Nichts geht mehr

Wer sagt es dir?
Wer sagt mir,
wie ich
es sagen soll?
Wer wagt es?
Wer verbietet es?
Wer verbietet es *mir*?
Wer sagt,
dass *ich* es tun soll?
Wer tut es selbst?
Wer tut es,
wenn *ich* es lasse?

Verdammt, Kofi,
du wirst,
verdammt noch mal,
wieder nicht ...
Du wirst
wieder nicht erfahren,
dass dein Müll
nicht einfach auf die Straße ...
Du wirst wieder nicht checken,
dass deutsche Saubermänner
so heißen,
weil sie Ernst machen,
wenn Leute wie du
diesen Dreck einfach auf die Straße ...!

Du spürst,
was ich sagen will.
Du fühlst doch,
dass ich erklären möchte ...?
Du bist doch sicher,
dass ich von ganzem Herzen

auf deiner Seite ...
Doch sag' es selbst!
Sag', dass du,
sag', dass dein Sohn,
sag', dass deine Freunde,
von den Deutschen,
den verdammten Bios,
nichts lernen wollen.

Sag', dass die Nachbarn,
sag, dass die sauer wären,
wenn ich es
laut herausbrüllen würde.
Wie ich
so etwas tun könnte ...
was ich
gegen euch hätte,
würden die fragen
und denken würden sie ...
Na, ich weiß nicht.

Wer sagt es dir?
Wer sagt mir,
wie ich
es sagen soll?
Wer wagt es?
Wer verbietet es?
Wer verbietet es mir?
Wer sagt,
dass ich es tun soll?
Wer tut es selbst?
Wer tut es,
wenn ich

es lasse?

**wer schon
will in diese Welt**

> *ungezügeltes wachstum*
> *umweltvernichtung*
> *werteverfall*
> *sucht*
> *kälte*

gäbe es
ein mitspracherecht
des ungeborenen –
es würde die geburt
verweigern

so gesehen
ist zeugung

immer auch

ein akt
der gewalt

unten

Mehleintreiber,
weißt sehr wohl,
dass es nicht
der Wind ist,
der deine Mühle
beflügelt.

Im Zeichen
der Flaute
sind es wieder
die Barfüßigen,
die billigen Pedaltreter,
die dein Korn
aufbrechen.

Wie immer,
erklärst Du
die Welt,
lässt ihn
gold schminken,
den Brosamen
und nennst ihn

GLÜCK.

Oppenheimer

Ihr solltet
über den TELLER-
Rand
schauen:
Das Manhattan-Projektil
steckt tief
in den Köpfen.

Sie würfen
die Bombe
auch neuerlich.

Und würden jubeln
wie damals.

Menetekel

Lifestyle und
Columbia
haben es
nicht auslöschen können,
das Gesicht
des Affen.

Mitleidlos
bespannt es
die Schädel
der Propheten,

und

die Zeit
zieht
Fäden

alt

Er will
endlich alt sein,
diese Jahre
weghaben,
die früher
von Wert waren.

Er will Rente,
endlich die
konstante Größe
für Wohlstand
oder Armut.

Ganz gleich:
Er will,
dass es aufhört,
spannend
zu sein.

Sein Bogen
ist
zerbrochen.

Metamorphose

Zuerst: die Nachtbar,
die losen Sprüche,
das Rätseln um Positionen.
Später: die Verabredung,
das Klopfen im Kopf,
die Umarmung
und der Reißverschluss.

Plötzlich dann:
die Sprachlosigkeit,
die strikte Fügung
und Zuführung.
Irgendwann: die vertraute Lage,
die restlose Vereinnahmung,
die sich fügende Hinglückung,
die Zuwendung in bar.

Später: die abreißende Zusprache,
die in Abrede gestellten Schlüsse
das ärmliche Sprücheklopfen,
die leblose Schlussrede,
die sprachlose Abwendung.

Schließlich: die vertraute Nachtbar,
die nutzlose Beschwichtigung,
der heillose Nebel,
der Kopfschluss.

Eltern- oder Sonstwie-Haus

Wir alle
wollen zurück
zu den Wurzeln

Was aber,
wenn diese
erdeverweigernd
nach oben ragen?
Was,
wenn das Haus
kein Dach mehr,
das Land
keinen Namen trägt?

Gibt es dann
noch den Ort,
die Eltern,
den Baum ...?

Finale Droge ... bärde

Vom Protest
übers Metaversum
zur Aufreglosigkeit.

Digital
getuned
fürs
regelbare Auf-
und Abrichten.

Mit gefakter
Würde
der Schritt
zur
Müllkippe.

Vor dem
Scheintod
noch eine Pille:

fürs ...
vorletzte Steifsein.

Einmal
die Ingredienzen
vor den Exkrementen
betrachten

die Stopfleber
bereits
vor der Party
aufkündigen

den brachen Acker
gegen
die fäulnisverweigernde Frucht
aufwiegeln

einmal
den Schulterschluß
ganz am Anfang
versuchen

mal nichts beginnen,
was absehbar
mit Abort
endet

einarmiger Bandit

Wenn es doch
nur Spielgeld
gewesen wäre
und der Bandit
unversehrt.
Niemand hätte
Anstoß genommen.

Er aber
hatte Dollar gesetzt
und den
zweiten Arm gefordert.

Kein Wunder,
dass die Walze
quer schlug,
dass sie knallte
und plötzlich
fest hing –

irgendwo
bei Zitrone,
saftlos

Aphorismen

Die Menschen
sind immer
erst dann gewillt,
ihr Tun zu verändern,
wenn eine Katastrophe
sie dazu zwingt.
Das setzt sich fort
bis die Katastrophe
groß genug ist.

Alaunsteine
sind out,
sagt die Apothekerin
zum Ein-Euro-Jobber.
Jetzt ist
Ausbluten angesagt.

Medienmacher haben
die Quadratur
des Gesichtskreises erreicht.
Sie proben
die Allgegenwärtigkeit
der Glotze,
deren dringauflichste
Verblindung
und Gleichscheltung
mit dem inneren Auge.

ZULETZT

Der Hahn

Müller ist heute mit Nichtigkeiten beschäftigt – und so von Stress und gespannter Aufmerksamkeit befreit. Genau das gibt ihm Gelegenheit nachzudenken. Zum Beispiel darüber, ob der Hahn von Pastor Frohsinn, der nicht nur allmorgentlich ab vier, sondern ganztägig im Fünf-Minuten-Takt kräht, dies auch ungestört tun darf.

Die Dezibel hat bisher niemand gemessen, und Müllers Frau findet das auch unangebracht, weil ein Hahn – wie sie verständnisvoll ausführt – nicht störe, vielmehr den schönen Teil des Althergebrachten, die Idylle, herbeizaubere. Darüber – meint Müller – könne man geteilter Meinung sein. Aber weiter!

Müller wohnt nicht unmittelbar neben Frohsinn – sondern schräg gegenüber. Und tatsächlich ist es bis zum 15. Juni nicht ein einziges Mal vorgekommen, dass der Hahn – der schon mal lustig aus dem offenen Tor spaziert – Müllers Grundstück auch nur erblickt hat.

An diesem Tag aber steht er plötzlich in dessen Garagenauffahrt, reckt sich dreimal und kräht, was das Zeug hält. Leider hat Müller das Tier zu spät entdeckt. Es ist bereits vom gegenüberliegenden Bürgersteig heruntergesprungen und hat Müller so die Chance vermasselt, ein Foto zu schießen. Hähne von Evangelen – so ging es Müller durch den Kopf – treffe man nicht alle Tage und in diesem Kontext schon gar nicht. Um es klar zu sagen: Müller hätte das Tier liebend gern vor dem dahinter befindlichen Haus verewigt, um dem Ganzen – auch bildlich die Schlüssigkeit zu verpassen.

Nun, Müllers Wunsch klingt absonderlich, wird aber schnell verständlich, wenn man weiß, was dahintersteckt. Da ist zunächst der Nachbar von direkt gegenüber, Herr Ludwig. Er wohnt seit Jahren neben Frohsinns und ist naturgemäß mit besagtem Hahn mehr als vertraut. Zugleich bemüht er sich heftig, sein Haus – gemeint ist das am 15. Juni hinter dem Hahn befindliche – zu verkaufen. Gut möglich, dass das auch mit dem Gefiederten zu tun hat, dieser Kreatur, die ihm Tag für Tag und dann natürlich in voller Lautstärke die Hölle heiß macht. Gut möglich, dass ihm auch die dazugehörenden Hühner auf den Geist gehen – die schließlich bei jedem gelegten Ei ...

Der Hauptgrund für den Hausverkauf ist natürlich ein anderer. Das zu erläutern ist müßig. Und dennoch spielt vor allem der Hahn eine gewisse Rolle. Denn Ludwig kann ihn nicht verschweigen. Außerdem gelingt es ihm nie, Kaufinteressenten so einzuladen, dass das Tier außen vor bleibt, sprich: genau dann aufs Krähen verzichtet.

Alle Versuche Ludwigs, die Nachbarn umzustimmen, sie von Hahn und Hennen abzubringen, waren seit je her fehlgeschlagen. Im Gegenteil: Der Pastor besteht auf seinem Recht, Hühner zu halten, weil diese – ganz so, wie es Müllers Frau sah und sieht – ein Stück Natur bewahrten. Und den Kindern zumindest ausschnittweise das Märchen vom Bauernhof bescherten. Ludwig hatte gegen diese Argumente keine Pfeile im Köcher. Er musste – ob er wollte oder nicht – zurückrudern. Was blieb, war eine dumpfe Verbissenheit, der Verzicht auf freundliches Grüßen, ja schließlich die komplette Zurückgezogenheit, was Pastor und Anhang anging.

Niemand weiß, ob Ludwig streng evangelisch oder eher vom Glauben abgefallen ist. Fest steht, dass er seit Juli sehr selten in seinem Haus wohnt, einem Haus, das er nie repariert oder gewartet hat, für das er aber dennoch einen horrend hohen Kaufpreis fordert. Ludwig ist Kulturholic, Ludwig ist Nestflüchter und fast immer mit dozierendem Redeschwall unterwegs. So gesehen, geht er Müllers schwer auf die Ketten. Aber wie schon angedeutet: Das muss nicht so bleiben. Vor allem dann nicht, wenn es Ludwig gelingt, sein Haus loszuwerden. Das allerdings scheint vorläufig, vielleicht auch für längere Zeit in Frage gestellt. Niemand weiß derzeit, wann der Pastor den Hahn in die Pfanne haut oder wieviel Ludwig wegen des Hahnes vom Preis abschreiben muss. Völlig sicher scheint dagegen, dass auf jeden verendeten Hahn ein neuer folgt. So jedenfalls Frohsinn, der schon mal dem künftigen Nachbarn virtuell zunickt.

Was harmlos scheint, ist der Wink mit dem Zaunpfahl. Sollte sich Nachbar Ludwig + 1 nämlich die Bauernhofidylle zu schlapp einreden, ginge die Sache von vorn los.

Ein Verdacht bleibt trotz allem: Aber niemand, nicht einmal Ludwig, wagt es, ihn laut zu äußern. Auch Müller mutmaßt nur. Könnte es sein, dass der Pastor einem der Kaufinteressenten echt nahe steht und den Hahn hie und da animiert ..?
Nun, ich wage es nicht, den Gedanken zu Ende zu führen.
Es ist Oktober. Pastors Kinder spielen wie immer auf der Straße.

Ludwig hat sein Haus verkauft, dafür aber nicht die erträumten siebenhundertachtzigtausend, sondern nur fünfhundertneunzigtausend Euro erlöst.

Hahn und Hühner sind vor Kurzem verschwunden.

Ludwig lebt jetzt in Essen – einen Hahnenschrei entfernt vom Pfarramt. Solche Nachbarschaft ficht ihn nicht an. Denn Hähne – das ist er sicher – halten die Katholiken

nur auf Kirchtürmen.

begleitet und abserviert

Lena Schubert gewidmet

Es ist der 5. Dezember. Wir erfahren, dass es Fritz heute besser geht. Sofort stürzen wir zum Krankenhaus, werden aber, als wir dort anlangen, ebenso eilfertig abgewiesen. Etwas Ähnliches hatten wir bereits zwei Tage zuvor bei Fritz' Einweisung erlebt. Die Familie habe entschieden, so erklärt man uns, dass Fritz der Ruhe bedürfe, dass er sich entspannen müsse und keinesfalls ein überbemühtes Aufsuchen aushalte.

Nicht dass wir wegen dieser Begründung beleidigt sind, nicht dass wir deshalb ausrasten. Nein. Wir bleiben, was wir in all den Jahren gewesen sind: Normale Menschen, die sich um Worte, um Inhalte bemühen und nebenbei – nun, das ist sicher sehr untertrieben – einen Freund vermissen. Der ganz sicher auf Worte, auf sinnige Sätze, auf ihm genehme Zuwendung wartet.

Gewiss: Wir sind keine Ärzte, wir sind, was den Befund betrifft, wenig kompetent. Hatte Fritz einen Schlaganfall erlitten, war er einem Herzinfarkt zum Opfer gefallen, oder war es einfach eine körperliche Schwäche, die ihn kollabieren und austakten ließ? Nichts davon wird uns bestätigt. Erst sehr viel später heißt es, Fritz habe einen Anfall erlitten, wodurch sein ohnehin schlappes Herz weiter geschwächt worden sei.
Auch zwei Tage später werden wir nicht vorgelassen. Fritz, so erfahren wir, ist neuerlich in der Intensivstation gelandet und wird dort reanimiert. So zumindest die Aussage der zuständigen Krankenschwester, die uns behutsam, aber bestimmt aus der Tür drängt.

Also bitte, Frau Schubert, wenn ich ihnen das jetzt erzähle, geschieht das nicht, weil wir Sie erschrecken wollen, auch nicht, weil wir uns wichtigmachen oder sonst wie hervortun möchten. Uns geht es, und da seien Sie ganz ernsthaft versichert, nur um das Wohl unseres Freundes, der irgendwo im KatharinenKrankenhaus hinter irgendwelchen Glastüren vor sich hin darbt, lauert oder Möglichkeiten für einen Ausbruch sondiert. Keine Ahnung, Frau Schubert, was sich da raummäßig und menschlich abspielt. Wir vermuten das Allerschlimmste. Und das, liebe Frau Schubert, muss – ich betone: muss – diskret unter uns bleiben. Also bitte kein Sterbenswörtchen an die üblichen Gesprächspartner. Die Sache ist zu heiß, als dass sie schon genießbar wäre.

Frau Schubert, die mich etwas erstaunt in die Wohnung bittet, sagt nichts. Hier und da nickt sie, blickt mir bei jedem meiner Sätze erwartungsvoll in die Augen und schweigt. Ob das ein Vertrauensvorschuss ist, weiß ich nicht.
Frau Schubert – das müssen Sie wissen – ist unsere Zeugin, um es genau zu sagen: die Person, die alles, was Fritz betrifft, minutiös aufnimmt, speichert und in relevante Ordner ablegt. Sie wird uns auch künftig in die Lage versetzen, bestimmte Sachverhalte erneut aufzurufen, Vergleiche anzustellen und Unnötiges zu löschen. Nichts, was unseren Freund Fritz angeht, soll künftig verschwiegen werden, geschweige denn im großen Rundordner landen. Allenfalls die Tatbestände, die sich als falsch erweisen, auf Missverständnissen, offensichtlichen Fehleinschätzungen oder bewusst falschen Zuweisungen beruhen, sollen der Vernichtung anheimfallen.

Fritz ist am Tag vier so weit wieder hergestellt, dass wir ihn besuchen können. Er ist in das dem Krankenhaus angeschlossene Katharinen-Stift verlegt worden. Und kann dort auch besucht werden. Allerdings weist uns Fritz' Tochter eine sehr enge Zeitspanne für unser Auftauchen zu. Sie erklärt das mit Fritz' Herzschwäche, die längere Kontakte vorerst ausschließe.
Wir sind am 8. Dezember zeitnah auf dem Weg, laufen in der Pflegestation ein, noch bevor die Besuchszeit beginnt. Ich ordere an dem kleinen Bistro zwei Kaffees und bemühe mich, nicht zu plätschern. Fritz, so sagte man uns am Empfang, soll in der ersten Etage liegen, gleich rechts, neben den Toiletten. Tatsächlich ist alles wie beschrieben. Fritz liegt gleich rechts.

Er bewohnt einen Raum, der sich als wenig besonnt herausstellt. Es ist ein Zweibettzimmer, in dem es müffelt, wo neben Fritz noch ein zweiter Patient untergebracht scheint. Anwesend ist er nicht.
Fritz, der im Bett hochschreckt als wir näher treten, schluckt diesen Schreck – ganz so, als sei er fiktiv gewesen. Nun, hier ist nichts fiktiv, auch der Schreck macht Sinn, weil er Fritz vom Dösen befreit. Und weil Fritz das checkt, lächelt er. Ja, ja, es ist genau das Lächeln, jenes faltig vergrabene, leicht verzogene, das wir vom gesunden Fritz, von unserem Freund in all seiner Lebendigkeit kennen, das so vertraulich heraufscheint, dass wir augenblicklich – ja, ich glaube, dieses Wort trifft es – von Fritz' anstehender Gesundung überzeugt sind.
Dennoch obsiegt die Routine.
„Wie geht es dir", fragt meine Frau. „haben wir dich geweckt?"
Fritz nickt leicht, hebt den Kopf, als wolle er sein Wachsein beweisen und sinkt zurück. *Hier kippt man immer mal weg,* könnte das heißen, oder: *die dröhnen mich zu.* Dennoch: von Tabletten, von den Drinks in farbigen Minibechern ist zunächst nichts zu sehen.
„Nun sag' mal was!" fordere ich bewusst leise. Doch als Fritz erneut nickt, keinesfalls aber Anstalten macht, den Mund zu öffnen, wissen wir Bescheid. Es ist doch schlimmer als erwartet. Oder: Die Dröhnung raubt ihm die Worte.
Zehn Minuten vergehen, bis Fritz seine Sprache wiederfindet. Er ist beeindruckt von der eigenen Wortlosigkeit, vom Stammeln der ersten Sätze, die partout nichts Literarisches haben, die er hinschlunzt, ja irgendwie radebrecht, als sei ihm die Syntax entfallen.
„Ja", sagt er, „die blöde Bauchspeicheldrüse... Die wollen mich operieren..."
„Operieren?"
„Sie haben eine Wucherung entdeckt. Sie glauben, dass sie das flicken können..."
„Und was meinst Du?"
„Ich habe Schiss. Mein Herz ist ziemlich instabil. Ich gehe drauf dabei..."

„Aber die Chance ..?"
„Genau das. Die Erfolgschance liegt bei dreißig Prozent ..."
Keine Ahnung, wie man das abwägt, und kein Gefühl dafür, ob dreißig Prozent viel oder wenig sind. Was an Leben und Lebensqualität zu erwarten ist, wenn Ja: operiert oder Nein: eben nichts getan würde.
Die Situation gebiert eine gewisse Sprachlosigkeit, ein verhangenes Sichducken und Nichtratenkönnen. Wir beide, meine Frau und ich, stehen da, und uns fällt nichts ein. Fritz vor uns ist ein wenig zusammengesackt. Er hält seinerseits inne und scheint in Gedanken versunken. Gleichwohl dauert dieses Schweigen nur Sekunden, nur diesen Augenblick, zwischen Bauchspeicheldrüse und Angst, die dumpf durchschlägt.
„Fritz", beginne ich erneut, „ich glaube, dass Du die Entscheidung nur selbst treffen kannst. Aber dafür hast du noch Zeit ..."
Fritz nickt wieder. Seine Augen sind matt in den Höhlen, seine Stirn ist schweißgebadet. Er will sich etwas aufrichten, fällt aber erneut zurück.
„Warte mal", rufe ich und springe auf die andere Seite des Betts, „ich helf' dir!"
Meine Frau ist dabei, das mitgebrachte Hühnerragout auszukippen. Sie tut es auf einen Teller, den sie aus der Küche geholt und auf den Tisch gestellt hat.
„Hast Du Appetit?" fragt sie
„Ja", sagt Fritz und wendet seinen Kopf dem Tisch zu.
Obwohl er inzwischen sitzt, kann er nicht erkennen, was B. in sechs Metern Entfernung anrichtet. Aber er riecht etwas.
„Ah Rinderzunge ..!"
„Wie kannst Du feststellen, dass das Zunge ist? Isst Du die überhaupt?"
„Klar, mein Kind", sagt Fritz, und ich spüre, dass er diesen Abstand herstellt. Dort seine achtundsiebzig und hier, dicht neben mir, die siebenundsechzig.
Ja, dieser Unterschied existiert, obwohl er uns nie gewärtig war. Fritz, der lustige Springinsfeld, der emsige Verseschreiber, der Aufbrausling und Kritikaster. Niemand hatte glauben wol-

len, dass er je wie ein Siebzigjähriger aussehen würde. Für ihn, so schien es immer, blieben die Jahre folgenlos. Jetzt im Bett aber, in der aufkommenden Düsternis des Zimmers, im unbarmherzigen Schattenwurf des Nachmittags, verkommt die Idylle. Fritz ist jetzt so alt wie auf der BettKarte steht, vielleicht sogar älter. Und Fritz muss sich – ob er will oder nicht – der Willkür seines Zustandes unterwerfen. Je nachdem, wie er entscheidet, könnte sich etwas anderes einstellen: bei erfolgreicher OP die Heilung, die ihm weitere zehn Jahre bescheren würde, bei schief gehender OP die lebenslange Bettlägerigkeit + Tod und bei Nichtstun etwas Unwägbares, das – ganz ohne Zweifel – allmähliches Siechtum nach sich zöge.

Nicht zu glauben, Frau Schubert! Wir drei, Fritz, meine Frau B. und ich, wir denken dasselbe, sind aber in völlig verschiedenen Welten. Er, der Kranke, wird von einem ständig wachsenden Druck heimgesucht. Wir hingegen sind unfähig, auch nur annähernd nachzuvollziehen, was in diesem, seinem Körper geschieht. Dennoch versuchen wir alles, um uns in unseren Freund hineinzuversetzen. Kraft dafür gibt es hauptsächlich aus dem gleichermaßen beschämenden wie befreienden Gottseidankwir-nicht-Gefühl. Ich bin sicher: Wir könnten das ohne Abstand nicht aushalten, nicht mal diese Minuten geradestehen und lächeln, obwohl uns eben das – jenes natürliche Freundlichsein – locker zu Gebote stehen müsste. Großer Gott: Unser Fritz ist in akuter Gefahr. Und wir haben es vergleichsweise leicht, ihm dieses oder jenes zu raten, weil wir weder für das eine noch das andere Ergebnis einstehen müssen. Andererseits: Wie wäre die Welt beschaffen, wenn diejenigen, die vor den Krankenbetten ausharrten, genau den Schmerz, genau die Übelkeit spürten, die dem Kranken Leben und Sterben schwer machen?

Am 3. Oktober, am Tag der Einheit, treffen wir Fritz auf dem schmalen Flur, der sich vor den Zimmern befindet. Jemand hat ihn in den Rollstuhl verbracht und nach hinten in die Raucherecke geschoben. Das scheint irgendwie beglückend. Denn obwohl Fritz kräftig Qualm zieht (was er als Gesunder

strikt vermieden hätte!) ist er munter und gut drauf. Wi., sein Bettnachbar, sitzt dicht neben ihm. Er hat eine Batterie von Plastikbehältern vor sich aufgetürmt und überlegt offenbar, wie er den Bestand sinnvoll ordnen könnte. Wi. bekommt diese Dosen von Wa., die sich ihm – wann immer wir beide sehen – andient, vor ihm herumscharwenzelt, Zigaretten schlaucht und dann kräftig mitpafft. Was sie dabei bezweckt, erhofft oder sonst wie, bleibt im Trübgefischten. Die Reichweite ihrer Wünsche ist unbekannt. Fest steht: Sie raucht tags- und nachtsüber hundert von den Selbstgedrehten und hat Opfer gebracht: ihr linkes Bein.
Fritz lässt die Szene kalt. Er ist oft mit Nikotin konfrontiert und längst angepasst. Er spielt den Passivraucher ebenso gut wie den Frauenversteher – ganz gleich, ob sein Gegenüber komplett oder versehrt ist. Und er hat das Buch bei sich, seinen *Schwager rückwärts*. Ob er daraus lesen wolle, frage ich Fritz, oder ob er vorhabe, die eigenen Sätze auf neue Schlüssigkeit zu prüfen. Fritz antwortet nicht. Sein Blick ist auf die Plastik-Barrikade gerichtet, die Wi. mit Argusaugen bewacht.
„Du mit deinem scheiß Becherberg", schimpft Fritz plötzlich los, „du mit deinen kastrierten Leberwürsten, Marmeladen und Glutamatsuppen! Dieses eingeschweißte Zeug ist wirklich das Letzte. Was die mit ihren OPs und Tabletten bessern ..." – Der Kranke versucht bei diesen Worten eine absurde Grimasse zu schneiden – „reißen sie mit dem Arsch, oder besser gesagt: mit diesen DrecksLebensmitteln wieder ein. Hauptsache, der Rubel rollt."

Ich komme jetzt auf das wirklich Wichtige, Frau Schubert, etwas, dass Sie unbedingt wissen sollten. Es gab im Leben unseres Freundes – so zumindest hat er es immer dargestellt – eine Phase, die ihn völlig verändert hat. Nicht, dass er seinen Beruf, sein Leben als selbstständiger Betonbauer aufgegeben hätte. Nein, das nicht. Aber er hat aus der eigenen Kraft heraus Dinge dazugewonnen, die ihn auf ungewöhnliche Weise bereicherten. Sie wissen es selbst: Fritz hatte zeitlebens alle Kräfte konzentriert, um das Leben zu meistern. Er hatte sich durchgeschlagen

und vollendet, was sein Hirn und die Auftragsbücher so fassten. Und doch trieb es ihn irgendwann, etwas Anderes, etwas völlig Konträres zu vollbringen, etwas, das mit den baumeisterlichen Erfolgen durchaus wetteifern konnte.
Irgendwann, an irgendeinem Abend im November musste das losgegangen sein. Fritz war aus seinen Arbeitsklamotten gestiegen, hatte geduscht und dann das Weite gesucht. Trotz seiner anstrengenden Frühschicht mitten im Beton, und obwohl ihn seine Frau am Abend erwartete, war er in die Stadt gefahren. Mit dem festen Vorsatz, sich weiterzubilden. In einer Sache, die ihm nie jemand zugetraut hätte. Von der weder Kollegen, noch Familie ahnten, dass sie ihm eines Tages alles – nun ja: fast alles – bedeuten könnte.
Fritz – so jedenfalls sagt er selbst von sich – schlug einen Bogen, der größer nicht ausfallen konnte: vom physisch bestimmten Handwerk zur Literatur. Er nahm Stunden, er lernte, was deutsche Dichter und Schriftsteller so hergaben. Zweimal in der Woche wurde er fündig, las wie ein Weltmeister, und es war kein Zufall, dass er irgendwann nicht mehr loskam. Diesen ersten Schritt brauchte er, diesen ersten Schritt kultivierte er für ein zweites, sehr viel wichtigeres Vorhaben. Fritz versuchte plötzlich, selbst zu schreiben, sich das Dichten beizubringen. Er schrieb kurze Verse und die erste kleinere Geschichte. Las das irgendwann vor kleinem Publikum, wiederholte das und war dann irrwitzig programmiert – auf dieses eine ... auf das eigene Schreiben.
Seltsam: Das Dichten begann ... noch bevor es mit dem Schriftdeutsch so richtig klappte, das Dichten legte zu, bevor er, Fritz, fähig war, seiner Stimme die richtige Tonart zu verleihen. War das anmaßend oder überragend, war das außergewöhnlich oder doch nur eine Nummer zu groß für jemand wie ihn?
Diese Worte, Frau Schubert, sie stammen nicht von Fritz. Fragen wie die soeben aufgeworfenen hätte er nicht zugelassen. Und auch wir selbst waren eher beeindruckt und verwundert, als dass wir seine Klimmzüge belächelt hätten. Fritz hat bei Norbert Heilich viel über Literatur und Dichtkunst gelernt, und er hat es verstanden, seine Texte aufzupeppen, grammatikalisch

zu zügeln und in Szene zu setzen. In einem Literaturkreis, den er Ende der achtziger Jahre mit begründet hatte, war er ein wichtiger, ein gern gesehener Gast, wenngleich ein ziemlich umstürzlerischer, wie einige Damen behaupteten. Damals Anfang der Neunziger kannte er kein Pardon – ein gesellschaftskritisches Gedicht löste das andere ab. Da mochten die Golf spielenden Damen noch so die Augen verdrehen und auf Blümchenverse setzen. Fritz hielt dagegen. Er wollte und konnte die Dinge auf- und abkrempeln, er konnte pieken, stechen und kräftig dreinhaun. Er entsorgte das eine und bekritzelte das andere. Aber auch das Anmutige, Schöne, fand in seine Feder – und das nicht zu knapp.

Was Fritz' Bleistift entfuhr, muss mit den Jahren schnell an Format gewonnen haben und maßgeblich an der neuen Ichfindung beteiligt gewesen sein. Neben der Tagesarbeit, neben den Treppen, Häusern und Betonwegen entstanden Textseiten, Textseiten, die an die Wand geheftet, beiseitegelegt, verworfen, aus dem Abfall gehoben und glattgestrichen wurden. Hier dürfte etwas bewegt worden sein, das rauswollte, das sich reihte, sich stülpte und klammerte, sich entpuppte und ausuferte: Ein Gedicht, eine Geschichte, ein ganzes – ach, was sag ich da? – ein Tage-, ein Wochen-, ein Jahrwerk über die Jahre.

Dennoch, Frau Schubert, behielt der Beton seinen Stellenwert: Beton floss, Beton stand, Beton härtete aus – in Brücken, in Schulen, in Sportstätten, in Kranken- und Wohnhäusern, in Turnhallen, an Straßen und sonst wo. Fritz hatte einschalen, anfahren, hatte ein- und auffüllen lassen, hatte glattgezogen, hatte Treppen, ja sogar kleine Kunstwerke modelliert, geschalt, vergossen und nachgeputzt, ja schließlich auch in der Lesbus-Straße am Bordell geackert – ein bisschen am Schwimmbad, ein wenig für die Sauna …

Immer wenn er diese Reihe abfuhr, wenn er minutiös die feste Burg auch an sich festmachte, hatte frivoler Stolz in seinen Augen gestanden. Immer, wenn die Rede auf die vorletzte seiner vierundsiebzig Baustellen – eben jenes Bordell – kam, hatte sein Gesicht diesen unbestimmten, überraschungs-eiigen Ausdruck angenommen. Aber nur, weil Fritz noch aufsatteln wollte: Er

habe auch am SexShop in der Herrmannstraße, einem Bau, der zuvor Kneipe gewesen sei, mitgemauert ...
Ganz klar, Frau Schubert, jeder, der Fritz kannte, weiß, dass dieser Mann ein redlicher Typ war. Ein kleiner selbständiger Bauunternehmer, der sich den Auftraggebern nicht einfach auslieferte, sondern so zu Werke ging, wie er es für fair und richtig hielt. Fritz hatte Ausländer in seinem Team, und mit denen konnte er. Für ihn war es wichtig, dass seine Leute pünktlich und arbeitsam waren. Dafür gab er zurück, was ihnen zustand – ohne Ausbeutung. Ja, Frau Schubert, ich bin ganz sicher, dass Fritz der SPD und den Gewerkschaften nahestand und nach deren Prinzipien handelte. Das drehte sich später – nicht grundsätzlich, aber doch mehr als Fritz wahrhaben wollte. Das drehte sich, als Clara, die Tochter von Fritz, den Alex heiratete. Man mag es nicht glauben, aber unseren Fritz zerriss das. Weil er reichen Leuten von Grund auf misstraute, sich dann aber auch geschmeichelt fühlte. Weil seiner Tochter auf diese Weise ein zumindest materiell gesichertes Leben zufiel.
Tatsächlich war unser Freund von diesem Augenblick an ein etwas anderer. Einer, der wenig aus der neuen Lage schöpfte, wohl aber spürte, dass er aus der Richtung fiel, einer, der mit sich haderte und diesen Hader wegschob, wegdachte, wegschrieb. Ja, er wusste seine Tochter gut untergebracht. Er wie sie – beide hatten quasi ausgesorgt. Andere Befürchtungen blieben. Denn zwischen seinen Gesängen für Gerechtigkeit, zwischen seiner zeitweiligen SPD-Sympathie, seiner Hinwendung zu den malochenden Menschen, der fortwährenden Parteinahme für die Unterprivilegierten und dieser neuen, seine Tochter betreffenden Position lagen jetzt Welten. Lena war plötzlich zur Millionenerbin avanciert. Alex, ihr Mann, würde eines Tages kinderlos sterben ...
Auch wenn das schief aussieht, Frau Schubert: Fritz hatte sich quasi ohne eigenes Zutun in den Spagat, in eine seltsame Schizophrenie begeben. In eine Welt, über die er nie sprach, die ihm aber jeder, der ihn kannte, sofort ansah. War er stolz auf seine Tochter, die mit achtzehn das Weite gesucht hatte und die jetzt heimkehrte – die Hände voller Dukaten? Spürte er Schuldgefüh-

le, eine dahinschwindende Glaubwürdigkeit? Würde er die alten Misshelligkeiten mit der Tochter aufarbeiten, sich an nunmehr gefakt erscheinenden Arbeiterliedern abarbeiten müssen? Fritz' Texte, die alten, die vor Jahren verfassten, verweigerten sich der Ambivalenz. Sie waren geschrieben, mit Wut und Herzblut ins Papier gemeißelt. Die neuen Schriften – so hatten wir vermutet – müssten eine Art Wendung bringen, Sachlagen relativieren, Rechtfertigungen anstoßen. Doch nichts davon geschah. Nirgendwo entdeckte man ein Frohlocken, nie ein dankbares monetäres Klimpern, die Anbetung des schönen Zufalls. Geld sah bei Fritz anders aus. Es schlug nicht durch zu ihm, stellte seine Würde, seine Bescheidenheit nicht in Frage. Fritz ließ nichts raushängen. Er warf nie damit um sich, machte nie große Geschenke, ging nie auf Weltreise, und er blieb bei dem alten, vor sich hin rostenden Opel. Manchmal allerdings prahlte er ein bisschen, kam auf den riesigen, luxuriös ausgestatteten Landsitz der Kinder zu sprechen. Allein der Teich, so sagte er zuweilen, sei größer als ein Fußballfeld.

Wir schreiben den 7. Januar. An der prekären Situation hat sich insofern etwas geändert, als dass Fritz beharrlich jede OP ablehnt. Ob diese seine Entscheidung endgültig ist oder – von wem auch immer – noch beeinflusst werden kann, wissen wir nicht. Auch nicht, ob seine Tochter, ob sein Sohn oder Schwiegersohn diesen Entschluss befördert oder gar durchgedrückt haben. Von diesen Leuten wissen wir wenig. Ab und zu hinterlassen sie Tomaten, geschnittene Gurken und Suppen für Fritz, Mitbringsel, die wir neben unseren auch immer vorzeigen oder auf den Tisch bringen. Fritz isst nur, was ihm schmeckt. Alles andere lässt er wortlos zurückgehen. Fritz ist nicht verwöhnt, eher übermäßig bescheiden. So akzeptiert er selbst den sich täglich wiederholenden Scheiblettenkäse, der eintönig und blassgelb vor sich hinliegt. Einhundertdreiundzwanzig Käsearten in Deutschland und dann diese eine Sorte. Überhaupt ist das, was der Laden an Essbaren hergibt, eine Zumutung. Wer mittags den freudlosen PlastikWarmhalter öffnet, findet immer nur das Allernötigste. Völlig unmöglich, dass damit so etwas wie EssFreude aufkommt. Morgens die ungetoastete Scheibe Toastbrot, mittags die hingeklatschten Fertiggerichte und abends besagte Scheiblette nebst Jagdwurst und Kommissbrot. Allenfalls an Feiertagen wird das durchbrochen. Dann endlich können Essen und Trinken etwas zur Gesundung beitragen – so, wie das ständig geschehen müsste.

Auf meine Frage, was er von der Scheiße in Afghanistan halte, reagiert Fritz sehr undifferenziert:
„Was kümmern mich die blöden Muslime. Wir haben hier Probleme genug ... "
Das war früher anders. So plautzig-unausgewogen hätte Fritz nie geantwortet. Zwar verstand er sich als Politiker aus der Hosentasche, als Kritiker aus dem Bauch heraus. Doch sein Stück weit Cholerik war immer auch mit Vernunft gepaart. Gewiss: Fritz lebte vom Hörensagen, reimte sich seine Meinung zusammen. Er hatte nie eine Zeitung abonniert und schaltete den Fernseher nur sporadisch ein. Folglich war sein Wissen und das, was er daraus machte, ein Stück weit fehlprogrammiert. Was nicht hieß, dass er gänzlich daneben lag. Er nahm sich das Recht, aus sich selbst heraus zu argumentieren, und wenn ihn jemand zahnfühlte, konnte er böse werden. Dass er jetzt, dass er in diesem Zustand weiter verkürzte, war zunächst überraschend, dann aber angesichts der Gesamtlage auch verständlich. Alles, was sich außerhalb seiner selbst bewegte, konnte ihn interessieren – musste es aber nicht. Hin und wieder kam es vor, dass er den Schalter umlegte und zur Hochform auflief. Das waren Momente, in denen er Herz und Schmerz links liegen ließ, Augenblicke, in denen er ganz der Alte wurde.

Irgendwann, Frau Schubert, kam Fritz auf Hawking zu sprechen, auf Einstein und die beiden Relativitätstheorien. Sehr beredt versuchte er an die alten Diskurse anzuknüpfen, plauderte von Raumzeit und Wurmlöchern, die er gern durchstreift hätte. Mich wurmte das manchmal; mein Interesse an diesen Themen hielt sich in Grenzen. Ich hatte zu viel Widersprüchliches darüber gelesen. Und weil die Theorien über Gott und Urknall immer mal zusammenbrechen, schob ich die Zeit, die ich für ständiges Neuverstehen aufwenden sollte, woanders hin. Fritz schien das nicht zu begreifen. Wie ich denn so denken könne, hatte er gefragt. Um übergangslos erneut von Würmern, Schwarzen Löchern und Gravitationswellen zu plaudern. Ich war sicher, dass Fritz hochstapelte, etwas zu verstehen vorgab, was ihn eigentlich überforderte. Aber bitte! Es war gut möglich, dass ich das falsch beurteilte – einfach, weil ich selbst nicht durchblickte.

Hier hinein spielte die Tatsache, dass Fritz – solange wir ihn kannten – an einem Minderwertigkeitskomplex litt, an einer Ich-hab-das-Diplom-nicht-Verdrossenheit, wie ich sie auch an anderen, überaus fähigen Menschen beobachtet hatte. Ähnlich wie Wilhelm M. – ein Freund aus dem Nachbarort, ähnlich wie Robert Z. aus Wachingen, bemühte er sich unentwegt zu beweisen, dass auch er, der Unstudierte, akademisch parlieren konnte. Wilhelm M. und Robert Z. waren gestandene Betreiber von Handwerksunternehmen. Sie nun warteten nicht mit Einstein auf, wohl aber mit extrem dicken Autos und Zigarren. Solche Äußerlichkeiten, solche »Imageverstärker« hatten mir noch nie Eindruck gemacht. Die Leute selbst aber waren fähig und dort, wo sie wirkten, durchaus angesehen. Sie konnten etwas, sie bewegten etwas und waren für meine Begriffe wichtigere Zeitgenossen als Drei-Komma-Null-Ingenieure, taxifahrende Germanisten oder joblose Philosophen.

Wir sind nie irgendwie »aufgedonnert«, wenn wir Fritz im Stift aufsuchen. Ganz im Gegenteil. Ich habe das Hemd locker über der Hose und B. hält es ebenso. Fritz gefällt die Gelassenheit, lässt sie doch nie den Kontrast aufkommen zwischen seinem eher dürftigen Bekleidetsein und dem, was wir zwischen Kopf und Fuß am Leib führen. Fritz verfügt über eine Vielzahl von Socken, einen Bademantel, eine warme Weste, eine OutdoorJacke und diverse Hemden, die er immer mal wechselt. Wie oft, das wissen wir nicht. Wenn wir jedoch mit Weste, Pullover und Jacke herumhantieren, eben dann, wenn wir vorhaben, mit Fritz rollstuhlbewaffnet ins Freie zu fahren, wird uns klar, wie beschränkt Fritz' Zugriff auf brauchbare Garderobe ist. Auch hier hätte etwas Schickeres sein Wohlgefühl steigern können. Natürlich bleibt das unausgesprochen, natürlich liegt uns nichts daran, Fritz auf diese seine Ärmlichkeit zu stoßen. Aber es kommt Wut auf, Wut auf diejenigen, die sich nichts einfallen lassen.

Seit Fritz hier untergebracht ist, ist sein Handy ein Problemfall. Entweder ist es nicht aufgeladen, oder er kann es nicht bedienen. Ich habe ihm Festplätze programmiert, so dass er mit drei Klicken den gewünschten Partner anwählen kann. Ich habe ihm eine kleine Liste an den Beistellschrank geklebt, rechts neben dem Bett. Sie enthält die Tastenhinweise, die einfach umzusetzen sind, aber dennoch eine Hürde darstellen.
Heute, da Fritz' Medikamente zum sechsten Mal umgestellt werden, ist alles noch schwieriger. Wir appellieren an Tochter und Sohn, sich einzuschalten. Schließlich sei das Handy die einzige sichere Verbindung nach draußen. Ein Festnetztelefon hat man ihm angeblich verweigert – heißt es. Weder B. noch ich glauben das.
Schließlich sagt der Schwiegersohn eine Veränderung zu – die allerdings nie stattfindet. Stattdessen liegt das Handy unbenutzt im Schubfach. Irgendwer – so scheint es in der Verwandtschaft abgemacht – wird schon irgendwann mitteilen, was *auf telefonisch* genauso geheißen hätte. So jedenfalls unser Eindruck.
Der erneute Anlauf meiner Frau, man könne doch ein Senioren-Handy, eines mit nur vier KURZWAHL-Tasten, anschaffen, bleibt ungehört. Die Sippe schweigt und scheint verstockt. Dafür gibt es jetzt noch mehr Tomaten und reichlich zerschnittene Gurke – Gurke, die häufig liegen bleibt und dann in den Abfall wandert. Fritz kann sie nicht bewältigen. Er bekommt Magendrücken, er furzt zu viel und muss das Wi. gegenüber abfedern. Gern wünschte er sich ein Brathähnchen, etwas, das der Laden nur zweimal im Jahr und dann wabblig gewellt, will sagen: ohne Knusper aufs Tablett bringt. *Kein Problem*, sagt

meine Frau, *wir bringen das mit.* Und tatsächlich ist nichts einfacher als das. Der Grillwagen steht zweimal in der Woche vor unserem Supermarkt. Zwar schmecken die Ranzölschenkel nicht ganz so lecker wie die Hühnerfilets, die B. zubereitet. Doch fürs erste reicht es. Später wird nachgebessert: Frikassee, halbes Huhn hawaiianisch und falscher Hase.

Was gar nicht geht, Frau Schubert: Die Rabenkinder verkaufen Fritz' Autos – noch ehe der den Löffel abgibt. Lösen seine Wohnung auf und verschenken Teile davon an die rührige Putzfrau. Die prahlt damit, als sie Fritz besucht.
Um genau zu sein: Unser Freund ist plötzlich alles los, was ihm wert und teuer war. Die Bande hat nichts, auch nicht das kleinste Möbelstück aufbewahrt, geschweige denn bei ihm aufgestellt. Sein Regal mit den Lieblingsbüchern – es ist im Container gelandet.
Fritz muss für diese fühllosen Naturen ein Spleeniger, ein unbequemes Anhängsel sein, ein Mensch, den man nie wirklich erlebt hat, dessen Freuden man nie zur Kenntnis, geschweige denn ernst nahm und nimmt. Was bleibt, ist der Nummerierte – der vorne rechts auf der ersten Etage.
Frau Schubert, es ist unerträglich. Fritz hat zu Lebzeiten sowohl seine Wohnung als auch sein Auto verloren. Offenbar geht die Verwandtschaft davon aus, dass Fritz' Tage – ob nun obdach- oder fahrzeuglos – ohnehin gezählt sind. Dass man diese Option so rücksichtslos scharf zieht, dass man so schlussfolgern und handeln kann, macht uns krank. Eines können sie glauben, Frau Schubert: Obwohl Tochter und Sohn unseren Fritz kaum kennen, wissen sie seine Hilflosigkeit perfekt auszunutzen: Er ist der Bettlägerige, der Anspruchslose, er ist der, der bescheiden unter der Bettdecke ausharrt und selbst dann noch klein beigibt, wenn es ums getilgte „Es-war-einmal" geht.

„Das mit dem Auto ist harmlos, ich fahre ohnehin nicht mehr", sagt Fritz, „und die Wohnung – ihr erinnert euch an den blöden Aufgang ganz unten im Parterre – die sechs Stufen hätte ich sowieso nicht mehr stemmen können."

Alles geschwätziges Kleinreden, denke ich, auch hier die vorauseilende Unterwerfung aus der Not heraus.
Sorry für die Entgleisung! Ich hätte es nicht Geschwätz nennen dürfen, nicht in diesem Kontext, nicht in dieser Situation und schon gar nicht auf ihn, unseren Freund, bezogen. Gleichwie: Dinge, die hinter den Tod gehören, müssen ausharren, müssen unberührt bleiben bis die Zeit gekommen ist, bis der Tod die Sense geführt hat.
Hier ist alles vorverlegt. Fritz wird Zeuge des eigenen Abgeräumtwerdens, der Containerbestückung, der sukzessiven Auslöschung von Erinnerung. Was ihm bleibt, ist das Bewusstsein, abgewickelt, aller Dinge ledig zu sein. Im gnadenlosen Endspiel von Wert und Unwert obsiegt die Leere.
Keine Frage: Hier wird nicht nur der Mensch, hier wird auch der Schriftsteller seiner selbst beraubt – seiner Gedanken, seiner unausgegorenen Entwürfe, seiner vollendeten Schriften. Wo bitte ist sein Nachlass, wo die riesige ManuskripteKiste? Wer hat Letztere eingesackt, in den Keller versenkt, wer schleudert sie unbesehen ins Nirvana – heute, am Ende dieser Woche, am vorvorvorverletzten Tag der Tage?

Noch etwas, Frau Schubert, auf das ich hinweisen möchte: Fritz hat seinen Kindern schon Jahre zuvor sein gesamtes Geld vermacht. Die Tochter sollte es aufbewahren – für alle Fälle, für die Fälle, die Fritz als gefährlich, als durchaus wahrscheinlich einstufte: Eine Lähmung, eine Totalbehinderung, vielleicht ein Körper, der den Kopf überlebt – etwas, das kosten würde.
Fritz aber ist total bei sich, Fritz ist alles andere als veralzheimert, und er hat eine Patientenverfügung, ein Schriftstück, das alles regelt.

Das Fazit ist beeindruckend: Fritz ist nicht nur Auto und Wohnung, er ist auch das Geld los, ein Vermögen, das sein jetziges Leben aufbessern könnte – wenn das denn gewollt wäre. Aber davon ist nichts zu sehen. Diese Euros bleiben, wo sie sind – verrückterweise auf einem MillionenKonto. Ja, sie verschmolzen offenbar mit dem, was der Tochter zugeflossen war.

Wir sind dreimal pro Woche bei Fritz. Dessen Zustand verschlechtert sich, dessen Augen gehen wirr im Kreis, wenn wir ihn aus dem Bett heben, auf den Rollstuhl packen und losziehen. Erst auf dem Flur, erst, wenn wir die Kantine – unten im Erdgeschoss – durchquert haben, kommt er langsam zu sich.
„Ich freue mich, dass ihr gekommen seid", sagt er, „wo ist Leo?"
Leo, das müsste Fritz eigentlich wissen, ist seit fünf Jahren tot. Leo hat gute Gedichte geschrieben. Jetzt will Fritz mehr. Er will ihn zurückholen.
„Tut uns leid", sagt meine Frau, „Leo lebt nicht mehr."
„Ach ja", flötet Fritz. Und dann etwas herablassend: „Der hatte nicht das Zeug zum Altwerden."

Wenn wir draußen am Teich stehen und den Enten zuschauen, geht es Fritz gut. Er liebt die Natur, und noch steht er in Kontakt mit ihr. Er rupft etwas von den hochstehenden Stauden ab und wirft es hinunter ans Ufer. Dass die Viecher es nicht bemerken, stört ihn nicht. Er atmet die Luft, die hier bei Katharinen erstaunlich gut ist, tief ein.
„Schade", sagt er dann, „schade, dass das bald aufhört."

Frau Schubert, es ist wohl so: Unser Zureden, unser Hoffnungmachen, unsere gut gemeinten Ratschläge – all das kann nicht ändern, was Fritz in den kommenden Tagen und Wochen aus- und ablebt. Bauchspeicheldrüse und Herz sind am Ende und mit ihnen ... er selbst. Was jetzt zählt, ist die Vermeidung von Schmerzen, die Abweisung von Angst, das Nachführen von Licht, wenn Dunkelheit droht. Der Blick ist auf die Gegenwart gerichtet, auf die Stunde, die Minute, auf das gerade noch Sicht- und Fühlbare. Die Vergangenheit hat sich auserinnert, die Zukunft ist aus dem Blickfeld geraten. In dieser Stunde wird Gegenwart wichtig, die eine, die einzig wahre Begegnung mit dem Unabänderlichen.
Wir haben keine Vollmacht, wir haben nicht die Macht, Fritz' Schicksal zu bessern, geschweige denn dieses Schicksal in sein Gegenteil zu verändern. Man verwehrt uns, Fritz zu uns zu ho-

len, ihn wenigstens für zwei Stunden aus dem bleiernen Stift zu entfernen. Man erklärt uns, dass selbst ein beigebrachter, von uns eigens georderter Arzt keine Lösung sei, weil im Notfall nur eines zähle, nämlich das, was versichert, gesichert und rechtens sei – der Aufenthalt im Stift nämlich, im Zweibettzimmer, im hinten stehenden, der Ausgangstür benachbarten Bett – dicht neben Wi., dem lustigen Witwer, dem Raucher, dem Biertrinker, dem netten Erzähler. Den übrigens halten Tochter und Sohn für extrem wichtig, weil er im Bedarfsfall Unterhaltung bringe, im Notfall den Arzt alarmieren und bei Tod die Deutungshoheit über den Rest sichern könnte. Zumindest so lange, bis auch dort abgeräumt sei.

Mit derselben infamen Ausrede – eben der, man könne den Vater wegen der akuten Herzschwäche nur dort belassen, wo er derzeit sei – verweigert die Tochter auch das Naheliegendste: Fritz' zeitweilige Umsiedlung in die eigene Villa, in ein Anwesen, das zu den schönsten in Deutschland gehört und folglich bestens geeignet wäre, Fritz ein paar lebenswerte Stunden außerhalb des KrankenhausGhettos zu ermöglichen. Natürlich mit dem Arzt an der Seite. Den nämlich könnten Tochter und Schwiegersohn problemlos aus der Portokasse bezahlen. Aber vermutlich will man sich den „Vaterimport" nicht zumuten, möchte sich Aufwand und Stress vom Hals halten. Und kaschiert die Abwehr mit dem formalen Bemerken, dass ein Verlassen der Krankenstation zu gefährlich sei.

Fritz bleibt nichts erspart. Siebzig Tage nach seiner Einlieferung erfährt er, dass sein Sohn tot ist. Es ist der jüngere Sohn, über den Fritz nie sprechen wollte, es ist der Spieler, der Ausgestoßene, der, der immer nur Geld wollte. Es ist der, den Fritz postwendend verflucht hatte, der schließlich strandete, seine Familie vergaß und im Suff Wurzeln trieb.
Scheiße, wenn man – wie Fritz – alles ausgelöscht hat und dann plötzlich ins Blendlicht gezerrt wird.
„Dein Sohn ist tot", sagt Max, der Schwiegersohn, „sie haben ihn auf einer Parkbank gefunden."
Fritz, dieser kranke Fritz, weiß nicht, ob er hier heulen oder

ein letztes Mal aufschreien muss. Sein Sohn – so viel ist sicher – ist vor ihm gestorben. Er hat ganz unbewusst diese Furchtbarkeit erzeugt, diese Un-Reihen-Folge, wenn Kinder vor den Eltern ... Ob Fritz das noch spürt, ob ihn die verpasste Vergebung, die unerwartete Heimsuchung noch erreicht – wir wissen es nicht. Sein Kopf jedenfalls ist stur gespannt: *dieser verdammte Bastard!*

Es bleibt nicht aus, dass ich über meinen eigenen Tod nachdenke. Immer dann, wenn ich Fritz anpacke, ihn nach oben ziehe, sein Kissen unter den Kopf schiebe, immer dann, wenn ich sein Lächeln auf meinem Gesicht spüre, folgt mir die Endlichkeit. Wie lange noch?
Ich bin fies und übertrage diese, meine Gedanken auf Max, den Schwiegersohn. Der ist nur drei Jahre jünger als Fritz. Dieser Max ist, um es ehrlich zu sagen, nicht zu beneiden. Denn wenn er Fritz die Hand reicht, ihn auf die Toilette geleitet, ihn stützt, wenn er ihm die Strümpfe anzieht oder aber den verdammten Rollator in die Raucherecke schiebt, genau dann muss sie ihn doch packen ... die Vorahnung.
Für uns ist es klar, dass Max dasselbe Schicksal ereilen könnte. Gut möglich, dass Fritz' Tochter, die Erbin des gesamten Schmotts, zur Wiederaufführung fähig ist. Ihr Blick, kalt und graugrün, suggeriert es: Wer daniederliegt, hat die Wahl schon verpasst.

Noch lebt Fritz, noch atmet er. Doch immer öfter finden wir ihn im Tiefschlaf, immer seltener in der schlaffen Benommenheit des Zusichkommens, und nur einmal noch mit dem kleinen glücklichen Jauchzer, als einer von uns auftaucht.
„Hey U.", sagt Fritz, sobald er mich wahrnimmt, und „meine B.", wenn sich meine Frau niederbeugt, ihn küsst oder versteckt streichelt.
Jetzt bleibt wenig – kaum die Zeit nachzudenken. Neben dem, was unser Alltag bestimmt, läuft der Countdown. Er downt, downt und macht traurig.

Fritz – der mit den Gedichten und den zwei großartigen Romanen, Fritz – der mit der literaturschweren Leinentasche, Fritz, der uns mit seinem uralten Opel wieder und wieder besuchte, der in einem von uns veranstalteten Salon die Handwerker parodierte, dieser Fritz, der gut zeichnen konnte, aber dennoch ein gespaltenes Verhältnis zur Kunst bewahrte, dieser Fritz, dieser unser Freund, will jetzt sterben. Mit dem schwächer werdenden Atem, mit den blassen Augenliedern, der spitz aufragenden Nase entzieht er sich, macht sich klein – ganz so, als dränge er darauf, nicht gewesen zu sein. Ein Irrtum. Ganz sicher das falsche Bild vom Bild, von dieser Gestalt, die uns lieb ist, die uns wichtig ist, die wir dennoch nicht festhalten und zurückholen können.

Unser Fritz schläft fast ununterbrochen. Wir dürfen nur noch einmal pro Woche, von vier bis fünf, zu ihm, sagt die Tochter.

Dann ist Fritz tot.

EPILOG

Sorry, Frau Schubert, die zehn Sätze muss ich noch nachschicken. Zwar ist Fritz jetzt tot und keine Nachreiche kann ihn umfärben. Doch das, was sich die netten Anverwandten im Bypass zum leiblichen Abgang ausgedacht haben, sprengt meine Duldsamkeit. Nicht nur, dass dem eingesargten Fritz ein katholischer Abgang verpasst wurde. Sie haben auch hier noch Geld gespart und diesen verdammten Auslandspastor rekrutiert, einen Menschen, der kein Deutsch sprach und Fritz dann auch in seiner Laudatio um fünfundzwanzig Jahre (!) verjüngte. Falsches Geburtsdatum also, dann aber – während das Holz über die Riemen abwärts ging – der eigentliche Skandal. Er ist dem Unmund des Priesters und seiner begleitenden Botschaft geschuldet: Hiermit wird Oma (!) dem Herrn übergeben ....
Und so wahr ich selbst Großvater bin, Frau Schuster, ich bin entsetzt. Fritz ist kurz nach Vollendung seines achtundsiebzigsten Geburtstages zu einer vergleichsweise jungen Großmutter mutiert.

Eine Farce, dass dies alles ohne Billigung des Toten geschah. Fritz hatte die Pfaffen lebenslang verabscheut und bis zum Schluss von seinem Krankenbett verbannt. Als Toter hat er nicht verhindern können, dass seine Sippe aus falschem Anstand heraus die Reißleine zog. Was für ein Skandal!

Anmerkungen 4

Wo sind die Steckplätze für deine Träume?

Was ich alles vorhatte:
ein Passivhaus bauen, mit dem Wohnwagen durch Europa fahren, den Victoriasee mit dem Royal Livingston Express überqueren ...

Natürlich löse ich *nicht* abgestempelte Briefmarken ab.

*

Ich möchte an dieser Stelle meiner Verlegerin, Frau Dr. Ulrike Asche-Zeit, für ihre professionelle und einfühlsame Mitwirkung danken. Gleiches gilt für meine Frau Barbara Ming, die hier und da erhellende Tipps gab, die Auswahl der Texte unterstützte und mir immer den Rücken frei hielt.

ulrich scharfenorth